Introduction

Cette histoire pourrait bien être celle de tous. Nous naissons avec un capital héréditaire, une conscience plus ou moins éveillée, associée à une certaine dose de chance ou de grâce. Souvent, dans un premier temps, nous pensons être victimes de la vie et subir son injustice. En choisissant de ne pas pardonner, ou même simplement de ne pas oublier ce qui nous a fait souffrir, nous le portons comme un poids considérable tout au long de notre vie. Bien sûr nous avons le choix de laisser ces émotions vivre en nous jusqu'à notre mort terrestre, le libre arbitre nous étant accordé. Mais nous pouvons aussi regarder les choses différemment, changer le cours de notre destin et vivre plus heureux et en paix avec nous-mêmes.

J'ai le sentiment d'avoir vécu plusieurs vies en une seule. Il a fallu un long cheminement intérieur pour que je sois prête à offrir cette histoire en toute sincérité car souvent, lors de la délivrance, le doute frappe à la porte.

La situation paraissait désespérée à la fin de mon adolescence : névrosée, incapable d'exprimer les choses, écorchée vive, pleine de colère, immature, parfois « trop bonne, trop conne », je vivais avec une peur viscérale du rejet et de l'humiliation. Pour compléter le tableau j'ajouterai : traumatisée par l'hôpital, le bruit des sirènes, les sonneries stridentes, le monde médical en général.

Alors, comment peut-on sortir de cet enfer ? Comment donner un sens à sa vie alors même que les êtres les plus chers sont touchés ? Peut-on se réconcilier profondément avec soi-même ? Les épreuves qui se sont succédé vont me permettre d'accéder à l'amour de la vie.

W0337105

Première partie

A celle dont le nom m'est inconnu et qui repose quelque part dans la lignée familiale. Je lui offre cette histoire en cadeau et réparation de ce qu'elle a subi.

Que justice lui soit rendue

Avec tout mon Amour

CHAPITRE 1

Le jour se lève à peine, mon corps endolori émerge tant bien que mal. Je sens une boule noueuse au niveau du plexus. Elle m'étouffe, l'angoisse m'étouffe. Je suis vide, vide de cœur, vide de vie. Je rame et peine à respirer, de l'air, il me faut de l'air !

Je m'habille en hâte, je sors ma voiture et roule vers la mer. Grandes marées et avis de tempête, parfait, nous sommes à l'unisson et personne ne viendra m'enquiquiner. Les essuie-glaces à fond, je n'y vois presque rien. Si j'atterris dans l'eau au moins je ne souffrirai plus. Une bonne rincée, quelques goulées dans les poumons et le tour est joué !

La mer est là devant moi, qui me tend les bras, grise, nacrée avec des soubresauts déchaînés. Spectacle à la hauteur de ma souffrance. Merci pour le requiem. Mes poumons se déploient, je hurle, je n'en peux plus, aidez-moi ou alors finissons-en. Je me faufile sur le chemin côtier, courbée par la violence du vent et des rafales de pluie. Je pleure, je ris. La vision est grandiose, tout semble déchaîné et démesuré. Au milieu de ce chaos, la tourmente de mon cœur et la colère qui gronde en moi se fondent dans la démesure de l'océan.

« Help me, help me…»

J'aperçois un banc. Tel un radeau je m'y accroche et péniblement je réussis à m'asseoir. Pliée en deux, la tête sur mes genoux et le corps convulsé, des flots de larmes jaillissent de mon être, je suis seule, si seule.

« Aidez-moi s'il vous plaît… grande mer qui rythme nos vies, aide-moi je t'en prie. » Le temps s'écoule. Ankylosée, recroquevillée, presque en position fœtale, j'attends, j'attends depuis si longtemps. J'attends quoi au juste ? Une main tendue, une âme secourable ? A plus de cinquante ans, il serait peut-être temps de trouver la sortie, de déposer mon fardeau. Je suis solide mais là tout me semble lourd, indigeste, étouffant. Mon vertige frise la convulsion, les contractions n'en finissent pas. Comment puis-je faire pour expulser cette charge trop lourde à porter ? Je n'arrive même plus à bouger.

Soudain, je sens une main qui se pose sur mon bras et me relève en sursautant. Deux yeux dorés d'un velours profond m'enveloppent et un sourire léger rayonne sur le visage qui me fait face. Cette femme, cette senteur qui se répand autour de nous, ses cheveux blancs bouclés. D'où sort-elle ? Qu'est-ce qu'elle me veut ? Une envie de fuir me prend et pourtant je reste clouée sur le banc. Son rire s'égrène en cascade.

- Vous trouvez ça drôle ? D'abord qui êtes-vous et que venez-vous faire ici ? dis-je hargneusement.
- Que de questions. Pour répondre à la première, votre visage ahuri est très drôle. Concernant la deuxième question, je me présente, Rose, je m'appelle Rose, me répond-t-elle.

Je reste bouche bée, mon cerveau n'arrive pas à comprendre ce qui se passe. Quelque chose m'échappe. Je me suis assise sans même voir que le banc était déjà occupé ? D'ailleurs c'est *mon* endroit. Que vient-elle faire ici ? Une autre surprise, la tempête se calme, le vent souffle toujours fort mais quelque chose de plus doux a pris place.

- A quoi pensez-vous ? me demande Rose.
- A la chanson d'Edith Piaf qui résonne dans ma tête, «… quand il me prend dans ses bras, me dit des mots tout bas, je vois la vie en rose… » Ce n'est certes pas mon cas. Je me sens vide. Je ressens un no man's land intérieur extérieur, un sentiment d'échec. J'ai souhaité être seule, avoir du temps pour m'occuper de moi, me chouchouter, panser mes blessures induites par tant d'années à m'occuper des autres, à me sacrifier. Mais dès que je relâche un peu la pression, mon mental s'emballe et contrôle tout. Je me juge durement, « tu es nulle ma

pauvre fille, qu'est-ce que tu fous de ta vie, bouge-toi les fesses, tu vas te retrouver sans un rond. Il est beau ton idéal de perfection, de vie parfaite. Il faut avoir un but dans la vie, travailler, gagner de l'argent, se donner un cadre et s'y tenir. Sinon on reste sur le quai et on meurt de non-action. De quel côté faut-il aller ? Doit-on avancer au jour le jour sans résultat ? Est-ce cela vivre ? » J'en suis là, et je ne sais pas pourquoi je vous raconte ma vie, je ne vous connais pas.

- Parlez-moi de ce vide…
- J'ai un vide de cœur et d'âme. J'ai le sentiment d'avoir fait tout ce que je pouvais pour que mes enfants suivent leur route mais je ne peux pas m'empêcher de me demander, à quoi je sers maintenant ? J'ai envie de dire, « vas te faire foutre, vie de sacrifice, tu m'as pourri la vie » et d'un autre côté, c'est peut-être mon « taf » sur cette terre ? A cinquante-quatre ans je me retrouve paumée, sans emploi et sans savoir quoi faire. Il n'y a plus d'âmes à sauver, de combat à mener, seulement un face à face avec moi-même, version retour de manivelle.
- Pourtant dans sacrifice il y a sacré, me répond Rose doucement.
- Qu'est-ce qui est sacré dans ce foutu mot ? J'ai l'impression d'être en phase terminale. Je m'étouffe, enfin il y a quelque chose en moi qui étouffe, d'années à vivre pour les autres. Comment se relever, trouver la sortie ? Je n'en sais rien et je ne sais pas quoi faire d'autre. En ce moment mon corps a envie de douceur, de compenser le vide, de ne rien faire, de flâner, oublier les échéances financières, ne pas s'imposer d'interdits, de profiter, de contempler, de respirer. Au lieu de cela la mélancolie me ronge et m'effraie. Qu'est-ce qui me rend triste ? La solitude ?... non. Le manque d'amour d'un homme ?... même pas. Le départ de mes enfants qui sont des adultes à part entière aujourd'hui ?... un peu. Les mots durs prononcés à mon égard ... peut-être ? Je n'arrive pas à digérer certains propos. J'ai donné beaucoup et je reçois des critiques, des mots caustiques et cinglants. J'ai envie de rendre les gens heureux et le retour n'est pas à la hauteur. J'en prends

plein la figure. J'en fais toujours trop ou pas assez. Et le comble, c'est que je me trouve égoïste !

- Pensez à vous ? chante la voix de Rose.
- A moi ? Où est le mode d'emploi ? La navigation un peu « borderline » est mon quotidien. Je suis out. Je ne sais pas quelle attitude est la plus juste. Qui a raison ? Doit-on abandonner ce que l'on est à la bonne société pensante qui nous robotise, des travailleurs acharnés gagnant leur vie au péril de leur être, mangeant, buvant, procréant, éduquant, vieillissant et mourant. Y-a-t-il un autre chemin que ce cycle aberrant ? La normalité n'a jamais été mon fort. Je m'ennuie pour ne pas dire je m'étiole dans le train-train quotidien de la vie. Je n'y trouve pas ma place. Là où j'excelle c'est dans le combat, la lutte, être la locomotive, me dépasser, sauver. Alors quand il n'y a plus cette conquête à mener, où est ma place, je fais quoi de ma vie ? J'attends une nouvelle tempête, un nouveau défi à relever ? C'est une sorte de névrose parsemée de pics d'exaltation. Lorsque je réussis, je déploie toute mon énergie, je deviens le chevalier et je triomphe. Peut-être est-ce une sorte de chemin de rédemption ? Lorsque la quête est gagnée je m'effondre et je gis sans énergie en me trouvant parfois complètement cinglée. Ce n'est certes pas la vie de tout le monde mais ce fut la mienne. J'en suis là et je n'en peux plus. Comment trouver les moyens de changer de comportement et d'exprimer autre chose ? Qui suis-je ? Est-ce important ? Pas sûr. Je n'arrive pas à rentrer dans le moule car cela représente la fin, la mort, l'anéantissement de ce que je suis profondément. Plus d'étincelle de vie. Nous avons été créés à l'image de Dieu, soi-disant ? Nous sommes dotés d'un pouvoir extraordinaire soi-disant ? Pourtant, la plupart du temps nous cherchons à nous conformer au moule, au péril de notre vie. Et en prime nous sommes persuadés que c'est la meilleure façon de procéder. Mais sachant cela, malgré tout, je cherche, et je ne trouve pas le fil. Peut-être faut-il accepter la vie dans ce qu'elle a de plus ordinaire et là je ne suis pas sûre d'y arriver.

Merci en tout cas de votre présence et de votre écoute. Mon prénom est Laura. Je ne connais pas la raison de votre venue. Etes-vous un ange, une réponse à ma demande ou juste un être humain présent au bon moment ? Je ne suis pas sûre de vouloir le savoir mais un grand merci encore. Je vais rentrer chez moi, je suis épuisée mais je respire mieux.

- A demain, murmure Rose.
- A demain, m'entends-je répondre. Mon appel a-t-il été réellement entendu ? Par qui ? Je deviens folle ou quoi ?

Je regarde la mer avant de repartir. Je la remercie elle aussi. Elle y est un peu pour quelque chose. Une main tendue se présente peut-être…

CHAPITRE 2

La nuit qui suit ma première rencontre avec Rose est difficile. Des souvenirs anciens ressurgissent. L'angoisse revient. Vais-je trouver Rose sur le banc ? Ai-je rêvé d'elle ? Existe-t-elle vraiment ? La hâte de le savoir me pousse à courir le long du chemin côtier. La mer reste agitée mais l'air glacial ne m'arrête pas. «Seigneur si tu existes, fais qu'elle soit là. Je ne sais pas pourquoi mais fais qu'elle soit là.» Mon cœur palpite. Enfin je l'aperçois.

Petite silhouette à la fois menue et fragile mais bien réelle, auréolée de boucles blanches virevoltant sous la légère brise. Je me suis assise à ses côtés et nous sommes restées un long moment à regarder les flots déferlant sur le rivage. Le flux et reflux nous apaisent.

- Avez-vous bien dormi ? me demande Rose en me regardant tendrement.
- Pas vraiment. Ce fut une nuit mouvementée, Rose.

Sensation à la fois étrange et heureuse de prononcer son prénom, déjà un sentiment de familiarité.

- J'ai beaucoup rêvé : il y avait quelque chose de bizarre, une sorte d'énigme à résoudre. « Je me retrouve vingt-six ans auparavant, une rencontre bouleverse ma vie, une vie grandit dans mon ventre. Qui est le père ? Relation ambiguë, mari, amant. J'aime profondément mon époux mais je suis attachée de manière compulsive à un autre homme. Quelque chose de féminin s'épanouit en moi mais je dois mentir, me cacher. Un bébé va naître…
- Vous savez, à ce moment-là dans mon rêve, une image se superpose. Une autre dispute avec mon père : j'ai peur de ses coups et de sa

violence, je m'enfuis de la maison en chemise de nuit, pieds nus. J'en ai assez, je ne sais pas où je vais mais je cherche à me protéger. Il me suit avec sa mobylette et me crie de rentrer. Je refuse sur le moment en lui envoyant à la face que s'il me frappe encore, je ne rentrerais plus jamais. Il promet de ne plus me battre et je finis par rentrer la peur au ventre. Je le déteste et je n'ai plus confiance en lui. Notre relation est tendue. Il cherche à me mettre dans un moule et je ne veux pas. Son histoire avec ma mère, c'est son problème. J'en ai ma claque de leurs foutues maladies, hôpitaux, dépendance chimique. Je veux vivre moi ! Qu'est-ce que je fais dans ce merdier familial ? Où puis-je trouver un havre de paix pour respirer, ne pas me noyer ?
Je me réveille et je fume, je fume et mon nez est saturé de tabac. Quelle est cette part en moi qui s'asphyxie pour ne pas sentir, pour ne plus souffrir ? Etrange phénomène de compensation, je m'accroche à ma cigarette comme à un radeau. Survie, expiation, secret, mensonge ? Je ne sais pas, tout s'embrouille… Ma mère est dans son lit et mon père me court après… Quel tableau ! Qu'est-ce que cela veut dire ? Je n'ai jamais été douée pour les manuels d'explications, cela me stresse.

- Rose, dans ce rêve, je ne vois pas le rapport entre la naissance de mon troisième enfant et cet événement… ?
- Dans le couple formé par vos parents, vous êtes bien la troisième née ?

Je regarde les yeux de Rose, ses yeux marron étoilés de particules dorées irradient une chaude lumière. Y-a-t-il une coïncidence qui m'échappe dans cette similitude ? Pourtant aux dires de mes parents, je suis née rapidement et sans problème. De mon côté, il est vrai, je tombe enceinte facilement mais je n'arrive pas à faire naître mes enfants par les voies normales ?

- Vous me parliez de votre troisième accouchement, Laura ?
- Ah oui ! Où en étais-je ? Comme pour mes deux précédents enfants, j'accouche par césarienne car ma fille se présente encore par le siège. L'opération est programmée le matin, vers sept heures. Je suis arrivée la veille. Pendant la nuit, je perds les eaux, le travail se met en route,

les douleurs se faisant de plus en plus sentir, dormir s'avère impossible. La sage-femme me fait une piqûre pour atténuer la douleur et ralentir les contractions ? Je ne sais plus trop. Mais les contractions continuent et se rapprochent malgré les essais infructueux pour les ralentir. La nuit s'étire et je n'arrive pas à dormir. J'arrive sur la table d'opération avec le col de l'utérus à dilatation complète et épuisée par le manque de sommeil. L'anesthésiste prépare ma péridurale. Je l'ai souhaitée pour enfin voir naître mon enfant. Avant de commencer l'opération, le gynécologue me pose une dernière fois la question.

- Vous êtes sûre que vous ne voulez pas que l'on vous ligature les trompes, trois enfants, trois césariennes, ce serait plus prudent ?
- Non, je ne veux pas, je suis bien trop jeune encore. » A cet instant je repense à la discussion que j'ai eue avec une amie. Je me souviens lui avoir affirmé de façon péremptoire que ce serait mon dernier enfant. Elle m'a dit « Réfléchis bien à ce que cela veut dire, ne plus avoir d'enfants. C'est un geste qui peut avoir des conséquences considérables. Tu te donnes la mort en quelque sorte ». Elle a mis le doute dans mon esprit. Au fond de moi, je sens la justesse de ses propos. Peut-être pas forcément dans le sens où elle l'entend. Si je valide ce geste médical, je me prive de donner la vie ! Pourquoi trois enfants seulement ?

Le chirurgien obstétricien surveille l'effet du liquide anesthésiant qui s'infiltre en moi et se tient prêt à m'opérer. Il commence l'incision et, au fur et à mesure, une douleur sourde au niveau du ventre apparaît. Le médecin comprend que la péridurale ne fonctionne pas comme prévu et qu'il ne peut pas continuer. Il décide d'opter pour une anesthésie générale. Une vague de tristesse me submerge car pour la troisième fois je n'assiste pas à la naissance de mon bébé. En plus il me redemande de me ligaturer les trompes. Je réponds ou plutôt je crie « Non ! Je ne veux pas être ligaturée ! » Je sombre dans un état léthargique. Je suis ailleurs. J'ai froid.

On me raconte : Panique à bord, l'enfant est dégagé et part entre les mains de la puéricultrice. Mon utérus saigne et ne se contracte pas normalement. Je perds beaucoup de sang. Moi j'ai l'impression de m'endormir, une mort douce, cotonneuse… Et puis je me réveille en sursautant, je claque des dents, je grelotte. Une couverture chauffante m'entoure. Je suis où ? Mon mari est à mes côtés. Je fais quoi dans cet hôpital ? Un éclair jaillit dans ma mémoire, je suis censée accoucher alors où est ma fille, je veux ma fille ! L'infirmière en chef me dit :

- Votre enfant est dans une couveuse, elle se réchauffe, nous allons vous l'amener. Vous nous avez fait une belle peur.
- Pourquoi une couveuse, que se passe-t-il ?
- Tout va bien maintenant, détendez-vous, vous allez la voir.

Bon sang, j'ai froid, mon être a du mal à réagir. Je replonge dans le sommeil puis à nouveau j'émerge. Le visage tendu de mon époux est toujours présent.

- Tu nous as fichu une sacrée trouille mais ils ont réussi à te sortir de là.

Qui sont ces « ils » et de quoi m'ont-ils sortie ? Un sentiment étrange de revenir de très loin sans vraiment comprendre d'où. Vu l'état nébuleux dans lequel je suis, je comprends que j'ai failli mourir. Sensation bizarre, nous étions deux et mon ventre est vide. Je suis dans le gaz. Mort, vide, séparation… quelque chose d'indéfinissable, le spectre de la palette des sentiments humains est impuissant à l'exprimer. Je sens la chaleur envahir mon corps et je m'endors à nouveau. Une renaissance ?

Un jeune médecin entre à son tour le visage souriant. D'emblée j'ai confiance en lui. Il me raconte à nouveau ce qui s'est passé après la césarienne.

- Vous avez reçu deux anesthésies et nous pensons que suite à cela votre utérus a peiné à se contracter. Votre chirurgien a fait appel à moi pour l'aider. Nous avons trouvé enfin un moyen pour que tout rentre dans l'ordre mais vous étiez très affaiblie, ce qui n'a pas facilité les choses. Nous vous avons posé trois drains et maintenant cela va aller. Par contre vu ce qui s'est passé, je vous ai ligaturé les trompes. Je pense qu'il est plus sage de ne plus avoir un autre enfant, votre corps ne le supporterait pas. Vous avez trois enfants maintenant, c'est une belle famille. Je repasserai vous voir, prenez soin de vous, vous avez une jolie petite fille. Comment se prénomme-t-elle ?

- Lucille.
- Voilà un joli prénom !

Je le remercie mais dans mon cœur et ma tête tout se bouscule. D'un côté, j'entends une petite voix me dire, tu as trois enfants alors sois contente et en plus tu es en vie. Mais de l'autre côté je me révolte. Ils ont passé outre et n'ont pas respecté ma demande.

A nouveau un sommeil bienfaisant m'emporte. Nouveau réveil et je me sens les idées plus claires.

- Ah ! Vous avez repris des couleurs. Nous allons vous amener votre bébé mais pas très longtemps car elle a besoin de la chaleur de la couveuse.

Encore cette histoire de couveuse, pourquoi ? Mes autres enfants n'en ont pas eu besoin. Une légère pointe d'angoisse me traverse. Enfin ma petite Lucille arrive et on me la pose délicatement dans les bras.

- Nous revenons la chercher dans dix minutes.

J'oublie toutes mes tergiversations intérieures et mon cœur s'enflamme. Qu'elle est belle ! Deux grands yeux bleus encadrés par un ovale fin et délicat. Et là, Rose, il se passe un phénomène étrange. Je suis attirée par son regard bleu marine, il me transperce comme s'il pouvait voir bien au-delà. Quelle force, quelle puissance, quel amour ! Cela m'atteint en plein cœur. A nouveau le sentiment de passer dans un autre espace, « ouvre les yeux et regarde ta Vie », un message se grave en moi sans que j'en prenne la véritable mesure. Retour brutal à la réalité. La puéricultrice vient de rentrer.

- Je vous la reprends, elle a besoin de se réchauffer, je la remets en couveuse.

Une couveuse ? Comme si la gestation continuait ? Drôle de terme à assimiler pour une mère qui vient d'avoir son enfant dans ses bras. Lorsqu'on t'enlève de mes bras c'est tout mon cœur de mère qui crie dans l'inconscient sans qu'aucun son ne sorte de ma bouche. Toi, petite âme, qui es-tu ? Je souffre déjà de ton absence.

Puis un message part de mon cœur vers toi. « *Nous avons eu dix minutes de vie terrestre ma chérie pour nous rencontrer.* »

La journée s'écoule entre sommeil et éveil et la présence de mon mari me réconforte. Je reprends petit à petit des forces. Mon cœur s'apaise, l'espoir est là, mon enfant a juste besoin d'un peu de chaleur, elle a dû souffrir pendant cet accouchement compliqué.

Mais le lendemain matin, je n'ai toujours pas revu mon bébé. On frappe et le pédiatre rentre dans ma chambre. Là, Rose, je sais et je sens qu'il se passe quelque chose. Mon rythme cardiaque s'accélère.

- Où est ma fille, pourquoi ne me l'amène-t-on pas ?
- Je suis venu vous parler d'elle.

Il ne m'a rien dit encore mais la peur s'infiltre partout. Mon être se comprime, se rapetisse, mon dos se voûte comme si on allait me frapper. Je voudrais me boucher les oreilles et ne pas entendre ce qui va suivre. Une part de moi sait et attend le verdict et l'autre se ferme. Le pédiatre continue.

- Votre fille ne se réchauffait pas, alors nous lui avons fait une échographie. Son foie est anormalement gonflé, nous avons demandé un examen approfondi. Nous pensons à une anomalie cardiaque qui nécessitera peut-être une opération. Elle part au grand centre de cardiologie, près de Lyon. Nous pourrons réellement nous prononcer lorsqu'elle aura été examinée avec soin.

Je crie :

- Je veux la voir avant qu'elle parte !

- Je vais voir ce que je peux faire, me répond le médecin et il sort.

  Deux minutes après il revient.

- Ce n'est pas possible, elle vient de partir.

  Il continue à me parler. Mais je suis loin, quelque part perdue et noyée, d'angoisse et d'incompréhension. Partie, comment cela partie ? Sans avoir pu la serrer dans mes bras, l'embrasser, la réconforter ? Je suis sa mère, c'est ignoble, bande de salauds. L'amour maternel, vous y connaissez quelque chose ?

  Le médecin poursuit.

- Dans le service où elle va, vous pouvez appeler quand vous le désirez. Ils ont l'habitude et ils répondront à toutes vos questions.
- Je sens un poids de cinquante tonnes me tomber dessus. Je suis pétrifiée. Le pédiatre comprend que je suis sous le choc et il essaie de me rassurer.
- Cela va bien se passer, votre enfant est entre des mains expertes, les meilleures. Si elle doit être opérée, le scanner nous le dira, elle le sera par des médecins très compétents.
- Est-ce qu'elle va s'en sortir ? lui dis-je en le fixant.
- Je ne peux rien vous affirmer pour l'instant. Tout va dépendre de la gravité du problème. Vous inquiéter ne servira à rien. Ayez confiance, elle est dans le meilleur service. »

Alors, Rose, un instinct animal venu du tréfonds gronde en moi : je sens que ma fille est en danger, il faut la sauver, il n'y a que moi qui puisse la sauver. Je suis bloquée à la maternité avec ces foutus drains. Quelle chance, j'en ai trois avec trois jolis bocaux ! Je ne peux même pas marcher comme je veux. Mais je ne vais pas me laisser faire, je vais m'enfuir par la fenêtre, je suis au rez-de-chaussée, cela tombe bien. Je vais la rejoindre, l'enlever et partir. Il n'y a que moi qui sais ce dont elle a besoin ! Elle est restée neuf mois dans mon ventre, nous avons tissé des liens bien au-delà de ce qu'ils imaginent. Je suis tendue à l'extrême, incapable de pleurer, la colère à fleur de peau, insoumise face à ce monde de prétendus savants qui m'enlèvent ma dignité de mère et ce que j'ai de plus cher au monde. Je vais me rétablir rapidement et aller la chercher. Je sors de ma léthargie et l'énergie du combat m'anime. Je décide de me rétablir au plus vite par des moyens naturels : douche froide, huile d'olive, pour éviter les lavements et nourriture saine.

- Tiens bon ma chérie je vais faire le maximum. Je ne vais pas rester à écouter le gazouillis des autres bébés alors que toi tu as tant besoin de moi.

Et puis d'un coup c'est l'abattement, pourquoi tout cela arrive-t-il, qu'est-ce que j'ai fait de mal pour subir cela ? Je me sens coupable de trahison, de mensonge. Peut-être dois-je payer le prix fort pour mes inconséquences ? Qui est vraiment le père de cet enfant, est-ce important ? Oui ça l'est. Je sais que je suis sa mère, toutes les mères le savent. La peur et la culpabilité me taraudent sans cesse. Je m'active à retrouver de l'énergie.

Nous attendons les résultats complets d'analyse du centre de cardiologie. Deux jours plus tard, nous appelons le centre hospitalier, mon mari et moi et le verdict tombe. Il y a bien une malformation au niveau de son cœur, l'artère pulmonaire est trop développée et par contre l'aorte, la valve qui irrigue le bas du corps est trop mince et incomplète. Elle sera opérée le lundi suivant par des chirurgiens expérimentés. Ils vont réaliser un cerclage de l'artère pulmonaire et agrandir et réparer l'aorte. La puéricultrice nous donne de ses nouvelles, elle va bien, elle est nourrie par voies intraveineuses. Sa voix douce et rassurante nous confirme que nous pouvons appeler quand nous le souhaitons. C'est un serrement de cœur qui nous oppresse à chaque appel, comme si nous avions peur d'apprendre la mort du petit être dont nous sommes séparés, seulement depuis peu. J'ai beau faire des efforts pour être confiante et raisonnable, c'est l'inquiétude permanente qui me ronge. Un cratère ou plutôt un gouffre s'ouvre, un ventre flasque, vide, une plaie béante à vif, un feu douloureux, je me sens transpercée de toutes parts. La culpabilité me ronge telle la mer se fracassant sur les rochers, emportant petit à petit des bouts de minéral, rognant le socle de mes idéaux et de mes croyances. Le babillage des autres bébés me renvoie à la notion de vide.

L'attente s'installe et s'organise. Je vis les quelques jours (hygiène de vie, réconfort mutuel, visites) avant l'opération du mieux que je peux. Difficile de se sentir en osmose avec la maternité quand on n'a pas de bébé à dorloter, à embrasser, à nourrir. Il faut tenir et espérer. Louis m'apporte un bouquet de douglas, ce sapin venu d'Amérique qui sent si bon. Odeurs de citron, pamplemousse, d'humus forestier qui embaume ma chambre.

Les infirmières sont ravies et me disent.

Votre chambre sent la forêt, c'est une idée originale de cadeau.

- Oui, j'aime beaucoup ces senteurs forestières.
- C'est votre frère qui vous l'a offert ?
- Non, c'est un ami.

Je ne vais pas dire, mon amant, ce serait déplacé dans une maternité !

Rose éclate de rire.

- J'aime votre franchise, Laura !
- Oui c'est vrai, je suis un peu cash.

Je reprends :

- Notre ménage à trois, si compliqué, ne les regarde pas. Pour les bonnes normes de la société cela paraît incompréhensible. J'aime profondément mon mari et j'aime aussi cet autre homme de manière compulsive et difficilement contrôlable. Nous n'y pouvons rien lui et moi. Nous sommes enchaînés ou en tout cas c'est le sentiment qui prédomine à ce moment-là, et j'ai l'impression d'aller dans le mur.

Une partie profonde de mon être essaie de résister à cette folie, ces excès en tout genre, l'autre partie s'engouffre dans ses obsessions. Drôle de vie qui semble m'échapper. Je souffre et tout le monde souffre autour de moi. Je m'en veux et je crois, à ce stade de ma conscience, être l'artisan du malheur des autres. Je n'arrive pas à trancher, à couper cette vie parallèle, à prendre une décision. Même si cette double vie m'aspire et me détruit, je continue. Je ne contrôle rien. Tantôt dans une forme de fanatisme et l'instant d'après dans l'accusation et le repentir. La souffrance du mensonge me broie le cœur. Comment m'en sortir ? Mon enfant tu es l'enfant de la lumière, de la souffrance, du mensonge, de ma violence intérieure. Pardonne-moi, qu'ai-je fait ? Je me sens responsable de tout.

- C'est bizarre, Rose, ce qui se passe en moi les jours précédant l'opération. J'apprends que mon enfant risque d'être réopérée plusieurs fois jusqu'à son adolescence en fonction du cerclage qui va être posé. Il y a à la fois la douleur d'une mère qui refuse de voir son bébé souffrir encore et encore, et une conscience plus juste, plus posée qui émerge du fond de je ne sais où, une forme d'éternité. Conscience qui me ramène à l'essentiel, qui m'oblige à me poser et surtout à regarder la Vie en face.

Le moment tant redouté arrive. Nous sommes lundi et ma fille va subir son opération. J'appelle le centre de cardiologie en tout début d'après-midi. Les infirmières m'informent qu'elle est en train de descendre au bloc. Elles me rassurent et m'expliquent que c'est une opération longue et minutieuse qui va durer plusieurs heures, elle ira ensuite en salle de réveil et nous pourrons prendre de ses nouvelles dans la soirée. Mon cœur se serre et ma pensée s'envole à soixante kilomètres de là.

- Bonne chance ma chérie, je suis avec toi, je t'aime, que la Vie te protège …

Je suis seule dans ma chambre, les minutes s'égrènent. Allongée sur mon lit, je sens que quelque chose se passe. Le temps change, le vent se lève et un lien subtil se crée, toujours cette impression de passer d'un état à un autre. Par la fenêtre les feuilles frémissent au contact du souffle qui les anime. Un silence solennel, inhabituel s'installe. Les énergies se rassemblent et se regroupent en moi, je sens une présence ou des présences, je prie et les mots viennent aisément.

« Seigneur, si tu existes et que tu m'entends, alors viens à notre aide. J'ai deux enfants en bonne santé et je viens de mettre au monde une fille souffrant du cœur. Elle subit une grave intervention au moment où je m'adresse à toi. Je ne sais pas si son corps résistera. De plus, en cas de réussite, les médecins m'ont expliqué qu'elle devra certainement subir d'autres opérations jusqu'à sa majorité parallèlement à sa croissance. Je mets mon cœur et mon âme à nu devant toi. Si ma fille doit souffrir toute sa vie, je ne le souhaite pas. J'ai vu ma mère souffrir pendant des années et je ne veux pas que mon enfant subisse la même chose. Alors je te demande avec amour : soit l'opération est un succès et elle peut vivre normalement comme tous les autres enfants, soit elle survit, souffre et se sacrifie et du fond de mon cœur encore une fois, je ne le souhaite pas. Je lui laisse le choix de partir avec ta Grâce. Que Dieu décide, que celui qui préside à notre univers choisisse. Peut-être dois-je payer le prix de mes erreurs ? Je m'en remets à toi et je veux que tu saches que quelle que soit ta décision, je l'accepte. Ton petit soldat terrestre est prêt. Entends ma prière et mon offrande ».

Un silence et une écoute indéfinissable règnent dans la pièce. Je ne suis pas folle et je sais que ma prière a été entendue. Un acte pur et honnête vient d'être posé. L'étau dans mon ventre se desserre, mon cœur s'apaise, le vent aussi.

Retour à la réalité, une aide-soignante rentre et me demande si je veux boire quelque chose.

- Merci, j'ai de l'eau. Vous avez vu, le vent s'est mis à souffler.
- Vous rêvez ma petite dame, tout est calme. dit-elle en sortant aussi énergiquement qu'elle est entrée.

Je souris intérieurement. Je n'ai pas d'hallucinations. Je ressens à nouveau une sorte de distorsion du temps, comme si tout se resserrait et se concentrait pour ne faire plus qu'un. Comment cela est-il possible ? Est-ce que dans ces instants de vérité le temps se dilate, sommes-nous en contact avec d'autres plans de conscience ?

En tout cas, retour sur la planète terre et dans la réalité présente, l'après-midi s'est achevé et vers vingt heures, nous appelons l'hôpital pour avoir des nouvelles. Tout s'est bien passé et notre fille vient d'être transférée en salle de réveil. L'infirmière nous explique que cela va prendre du temps car l'anesthésie a été longue. Ils vont surveiller de près son réveil pour vérifier si son organisme et son cœur acceptent les transformations subies. Ils nous préviendront mais peut-être pas avant le lendemain matin. Mon mari décide de rentrer et je me retrouve seule. Dans son cœur de père, il y a une sorte de rejet. Il sent au fond de lui que cet enfant n'est pas le sien et pourtant il l'a bien déclaré comme tel. Il souffre mais ne s'exprime pas. Question sentiments, c'est plutôt un taiseux.

Vers vingt-deux heures, je commence à grelotter et à claquer des dents, je redemande une couverture. La température est pourtant élevée, plus de 30°C ! Impossible de dormir. J'ouvre ma fenêtre pour sentir l'air frais et mieux respirer. J'aimerais tellement un réconfort, une présence. Je grelotte et je claque des dents de plus en plus, l'énergie - celle qui me lie à ma fille s'en va de mon corps. Puis, petit à petit, enfin réchauffée, vers une heure du matin je m'endors.

A mon réveil, j'entends les bruits du couloir, mon mari arrive vers huit heures et demie. Dès qu'il a franchi le seuil, je connais la réponse. Il m'explique et je comprends. Ma fille est morte vers une heure du matin en se réveillant. Son corps n'a pas accepté les changements.

Dix minutes de vie terrestre ensemble, ma chérie, et quel bond dans ma conscience ! Du plus profond de mon cœur, je t'en remercie. « REGARDE TA VIE ET OUVRE LES YEUX ». Je retiens et je n'oublierai pas. Tu n'es pas venue pour rien. Je vais essayer de les ouvrir mes yeux et changer ce qui doit l'être, voir au-delà des apparences ! Je te demande pardon du fond de mon cœur. Je te remercie de m'avoir donné la force, le courage, la lucidité d'accepter de lâcher-prise. Je t'aime, petite lumière de ma vie. Mais le plus dur reste encore à venir !

Les sanglots sortent en vagues successives. Rose est là et sa chaleur réconfortante m'entoure. Je sens sa main posée sur la mienne. Elle ne dit rien, c'est inutile, son amour et sa présence suffisent. Nos regards se perdent dans l'horizon, la mer est étale, d'un gris argenté, proche, haute. J'ai la sensation d'être écoutée, entourée, acceptée de toute part.

La mer, Rose et moi formons un cocon nacré étincelant pour une histoire de femmes.

- Vous savez Rose, bien qu'ayant vécu un moment particulier lorsque je priais dans ma chambre, je me suis demandé si je n'avais pas fait mourir ma fille en posant un tel acte. J'ai douté et la culpabilité rognait mes ailes. D'un autre côté, une corde en moi s'est accordée avec l'infini.
- Soyez plus douce envers vous Laura, c'est un acte plein d'amour. Le plus dur reste encore à venir? me demande Rose.
- Je voulais dire sur le plan terrestre, dans mon corps de chair, dans mes émotions. Je viens juste d'accoucher, toutes les sensations de la maternité sont présentes et il n'y a pas de chair contre ma chair,

seulement une grande béance. J'ai accepté le départ de mon enfant mais pas le fait de ne pas dorloter, bercer, allaiter et de ne plus pouvoir donner la vie.

- Je comprends, murmure Rose.
- Et puis la révolte. Pourquoi dois-je payer un tel prix, est-on puni, devons-nous payer une dette ? Si oui laquelle ? Combien de femmes et d'hommes ont eu des enfants dans des vies parallèles et ces derniers sont toujours en vie ! Mon éducation judéo-chrétienne me pousse à la culpabilité et pourtant je sens qu'il est possible de voir la situation sous un autre angle mais ce n'est encore qu'une ébauche, une forêt primaire, un chemin à emprunter. D'un côté il y a la vie et de l'autre la mort. Et au milieu, qu'y a-t-il ? La vie et la mort sont-elles deux portes d'entrée dans un autre espace ? Ce qui est sûr, Rose, c'est que je suis entendue. J'ai le sentiment que toutes mes prières le sont, même si ma croyance parfois m'incite à penser l'inverse.

A cet instant, je suis dans ma chambre et ma décision est prise. Je veux partir. Quelques heures plus tard, le gynécologue vient me voir, pas le plus jeune qui m'inspire confiance mais celui qui me suit, beaucoup plus âgé. Il m'a enlevé un de mes drains et m'a fait horriblement mal, un vrai boucher ! Les deux autres m'ont été enlevés par le jeune obstétricien et là, aucun souci. Bref, il est là et me présente ses condoléances. Sa formulation me paraît décalée et vide de sens. Il est loin d'imaginer ce qui s'est passé en moi dans cette pièce. Il fait ce que son devoir lui dicte dans ce cas-là. Puis je le vois tourner un peu bizarrement autour de mon lit et finir par s'asseoir. Un léger malaise envahit la pièce. Il m'annonce ceci :

- Ecoutez si vraiment vous souhaitez avoir un autre enfant, vous pourrez vous faire reperméabiliser les trompes, me dit-il. Il m'explique alors comment ils ont procédé pour me stériliser, chaque trompe ayant été sectionnée, un morceau coupé et ensuite ligaturé.

Concrètement, je ne vois pas comment effectivement un ou des spermatozoïdes peuvent arriver jusqu'à l'ovule, même bien aguerris et hyper motivés, cela semble impossible !

- La réussite est d'environ trente pour cent (super !). Vous avez également la possibilité de faire une fécondation in vitro, ajoute-t-il.

Là, Rose, la colère s'empare de moi mais je n'arrive pas à l'exprimer. Qu'est-ce qu'il me dit, on me stérilise à trente ans à peine, sans mon accord, pour me protéger soi-disant ! Ma fille meurt et on me chante l'inverse ? Dégage vieux con, je crois que je vais t'envoyer mon poing dans ta tronche ! Tu vois ta vieille carcasse, je vais te l'éclater contre le mur. Ce n'est même pas toi qui m'as sauvée. Je vois rouge. Et puis tes castagnettes, je vais te les réduire de moitié. Comme cela ta puissance de reproducteur sera bien amoindrie ! Je m'entends lui répondre :

- Je n'ai plus rien à faire ici. Soit vous me laissez partir soit je sors par la fenêtre (je suis au rez-de-chaussée) et je rentre chez moi.
- Vous êtes encore un peu faible mais si vous le souhaitez, je vous fais signer une décharge et vous pouvez partir, à vous de voir, répond-t-il, embarrassé.
- Je pars.

Au fond de moi, une seule envie, me tirer de cet endroit. J'en ai soupé de leur maternité mortuaire.

Il sent ma détermination car il est de retour une demi-heure après avec les papiers. Je signe. Je suis libre sans enfant au chaud dans les bras, un grand vide dans mon ventre et une lumière dans le cœur.

CHAPITRE 3

Le retour à la maison est triste. La petite chambre que nous avions préparée pour le bébé a été videe, une attention délicate de la part de mon mari. Je retrousse les manches car mes deux enfants sont en face de moi. Je les aime de tout mon cœur et ils ont besoin de leur maman. Leur grand-mère paternelle est venue s'occuper d'eux avec son compagnon pendant mon séjour à la maternité. Leur départ est prévu le lendemain matin, pas le temps de se morfondre. Mon fils, alors âgé de cinq ans, me regarde étrangement. Dans sa jeune âme il doit comprendre qu'il s'est passé quelque chose de grave mais ne dit rien. Je le serre dans mes bras et lui explique du mieux que je peux. Sa sœur n'a que deux ans passés et je crois à tort qu'elle ne se rend pas compte, vu son jeune âge. Bien des années plus tard, je prendrai la mesure de sa souffrance et de celle de son frère plus pudique.

Mais en attendant, ma vie de jeune maman est bien remplie, je n'ai guère le temps de m'apitoyer sur mon sort mais un grand gouffre s'est ouvert dans mon cœur.
Un couple d'amis va m'aider sans le savoir. Ils passent me rendre visite quelques jours après avec deux vinyles, la valse triste de Sibelius et les danses hongroises de Brahms. Aux premières notes de l'œuvre de Sibelius, je m'effondre en larmes, tout le flot retenu s'écoule. Mon corps est perdu et crie sa douleur. La musique provoque une onde bienfaisante, libératrice. J'ai accepté le verdict avec ma tête mais le reste ne suit pas. Mes seins sont encore gonflés malgré un traitement pour stopper les montées de lait. Mon ventre est vide, sans pouvoir compenser ce vide par la chaleur d'un nouveau-né à l'extérieur. Suffit-il d'accepter le départ de son enfant pour tourner la page ? Non bien sûr ! Ce n'est pas aussi simple que cela. La tête, le cœur et le corps

sont liés et fonctionnent ensemble. Ma tête décide, se raisonne mais mon corps lui, doit assimiler et digérer toutes les informations, toutes les émotions. Un lien d'amour se créé entre le ventre et l'esprit, relayé par le cœur. Les deux ont besoin d'harmonie. J'ai longtemps nié cette évidence parce que cela me convenait et surtout, cela me protégeait.

Les jours passent et nous devons prendre une décision pour la cérémonie de notre enfant partie. L'incinération nous semble la solution la plus naturelle. Le funérarium étant très demandé, la crémation aura lieu dans dix jours mais un problème surgit. Je dois me rendre à la morgue et là, Rose, je suis terrorisée. Voir le corps inerte de mon bébé, je ne peux même pas l'imaginer. J'ai peur, je ne sais pas de quoi mais j'ai peur. La mort de ma mère dont je n'ai pas voulu voir le corps ? Un rejet de la fin de vie, une non-acceptation du départ associé à un sentiment profond d'abandon ? C'est au-dessus de mes possibilités. Nous avons une longue discussion à ce propos avec nos amis. Je prends conscience du deuil qui est à faire et qu'il est important de dire adieu à ma fille. Ma présence est indispensable, la raison et la détermination prennent le dessus. L'idée d'une cérémonie avec quelques proches nous vient. Les jours qui vont précéder la crémation nous permettent de l'organiser. C'est étrange, à ce moment-là, je souhaite qu'il neige comme si le blanc pouvait tout régénérer, représenter la vie éternelle, la continuité des choses. Contrairement à la couleur noire, la blancheur immaculée me semble en adéquation.

Dix jours plus tard, nous nous rendons à la morgue de l'hôpital. Une force plus puissante nous rassemble Yann, notre couple d'amis et moi. Une force qui se situe bien au-delà des considérations de chacun. Un soutien qui me permet d'aller jusqu'au bout de ce qui doit être. Nous sommes accueillis par le personnel de l'hôpital et deux personnes des pompes funèbres. Ces derniers, par délicatesse, se sont retirés dans l'autre pièce pour nous laisser quelques instants seuls. Un immense chariot est arrivé avec au milieu mon tout petit bout de fille, toujours aussi belle que dans mon souvenir mais le corps congelé. Au moment où je la vois, la peur s'enfuit et je m'approche d'elle. Mes mains caressent son visage glacé et je lui pose un baiser tendre sur son front. Comme je t'aime ma chérie même si tu n'es plus là, en vie. Mon cœur de mère te reconnaît et tu y resteras à jamais. Pars en paix, un grand merci pour le don de ta vie.

Notre fille a été déposée délicatement dans un joli petit cercueil en bois clair tapissé de blanc. Après avoir mis un petit bouquet à ses côtés, son ultime berceau est refermé puis porté dans le corbillard qui attend dehors. Nous le suivons à pied.
Le crématorium nous attend. Nous assistons à la descente du petit cercueil et l'attente commence, des sensations multiples se produisent en moi, je ressens un nœud au ventre, une peur de l'inconnu, un soulagement, un déchirement. Qu'est-ce qu'incinérer veut dire ? Brûler, réduire en cendres. Je cherche des repères. Yann et moi, nous en avons pourtant discuté, cela nous a semblé la solution la plus en accord avec nos convictions. Après deux heures d'attente, un homme nous apporte une urne couleur bronze et nous prenons le chemin du retour. Nous sommes début novembre et notre cérémonie est prévue trois semaines avant la saison hivernale car nous sommes en Auvergne. Dans mes pensées il y a toujours cet espoir d'une terre blanche immaculée.

Le ciel et la terre vont répondre à cet appel, la nuit précédant notre cérémonie, plus d'un mètre de poudreuse recouvre le sol ! Le paysage est sublime, à couper le souffle. Toute la nature se pare d'un manteau blanc et un silence ouaté fait écho à nos pas. Nous gravissons la montagne dont le surnom « les trois soleils », s'accorde parfaitement à notre démarche. Tous les enfants sont chaudement emmitouflés car l'air est vif et le froid piquant. Arrivés à l'endroit choisi, deux trous sont creusés, l'urne ouverte et les cendres réparties dans chacun d'eux. Puis nous plantons un houx et un sapin, symboles de renouvellement et de gratitude envers l'immensité de la Vie. Des poèmes accompagnés de chants amènent une touche de légèreté à cet instant solennel. Les pieds de ma fille sont gelés alors je la serre contre moi pour la réchauffer. Les cris des autres enfants s'amusant dans la neige égaient l'atmosphère.

Nous redescendons d'un pas tranquille vers nos voitures. Mon cœur est plus léger, je me sens à l'unisson avec tout ce qui m'entoure. J'ai le sentiment du devoir accompli, je sens que j'ai payé quelque chose, une sorte de dîme à l'univers. J'ai l'impression d'avoir rendu cette vie qui ne m'appartient pas au grand tout. Difficile de définir toutes ces émotions. Je regarde mes deux enfants en me disant que la vie continue, eux sont bien réels et ils sont la voie terrestre à suivre. Quel souvenir vont-ils garder de ce moment ? Je sens également qu'une clarté s'éveille en moi, je ne peux plus agir comme si je ne savais pas. Je sens aussi que le chemin va être rude et parsemé d'embûches. Après un repas chaleureux, chacun repart chez lui et la vie reprend son cours. Je vais devoir composer avec ce vide, ce nœud intérieur. Je ne suis plus la même.

Quelque temps après, je reçois un appel de mon père. Je ne sais plus trop pourquoi mais nous nous sommes querellés, certainement en lien avec sa nouvelle femme. A la fin de notre entretien, je suis en colère et la discussion s'envenime. Suite à cela, il m'écrit et là, Rose, je prends un grand coup de poignard dans le coeur, un de plus. Il me dit ceci :

- Je ne suis pas étonné de ce qui t'est arrivé car avec la vie que tu mènes, tu ne reçois que ce que tu mérites. Tu ne feras jamais rien de ta vie et lorsque tu comprendras, si un jour tu comprends, il sera trop tard !
  Quelle condamnation !

Le lendemain, ma sœur m'appelle pour me faire la morale. Son ton est dur et sa voix sèche.

- Tu ne vas pas bien, parler comme tu l'as fait à papa qui est fragile du cœur, t'es inconsciente. Fais attention à ce que tu dis !

  Je m'écroule, je m'effondre en larmes et je m'entends répondre.
- C'est moi qui ai besoin d'attention et de réconfort, je viens de perdre un enfant et je me fais agresser de toutes parts.

  Mes propos la déstabilisent et elle se radoucit en s'excusant et en essayant de me réconforter. J'ai la sensation d'être incomprise. Je me sens une étrangère dans ma propre famille. Que savent-ils de moi ? Cette morale pseudo-chrétienne derrière laquelle ils se retranchent, cela leur est facile et ils se trouvent toujours des bonnes excuses ! Oui, j'ai fait des erreurs. Est-ce que cela fait de moi une condamnée qu'on humilie sans cesse et que l'on cherche à faire rentrer dans le droit chemin ? Quel est ce droit chemin dont ils parlent, celui du réconfort et de l'amour ? Certainement pas ! Car, quelle que soit ma foi ou mes croyances à ce moment-là, je suis et serai toujours un être de cœur. Mais eux, qui sont-ils pour me juger sans cesse ? Les paroles de l'enseignement de Jésus, me reviennent « que celui qui n'a jamais fauté, lui jette la première pierre ! ». Ils feraient mieux de balayer devant leur porte. Ce qui est sûr, c'est que je ne fonctionne pas comme eux. Je me cherche et sans vraiment en prendre encore pleinement conscience, je m'aligne sur un Principe plus élevé que nous avons tous en chacun de nous.

Je respire et le fait de parler avec Rose me soulage. Sa présence me comble et me réconforte bien au-delà de ce qu'elle imagine.

- Auriez-vous aimé que les choses se déroulent autrement, que votre enfant soit toujours en vie ? me demande-t-elle.
- Je ne sais pas, Rose. Le sentiment de payer une dette, celle du mensonge, de la tromperie s'impose en moi, à cette époque-là, je dois être punie. Peut-être est-ce toujours les bribes de mon éducation judéo-chrétienne ? Depuis ma rencontre avec cet homme autre que mon mari,

ma vie avait pris un tour chaotique. Je ne cherche pas à me discréditer, j'essaye juste de comprendre l'incompréhensible.

- Laura, votre fille est bien celle de votre ami Louis ? Sous quel nom a-t-elle été reconnue ?
- Oui, mais je n'en ai pas la preuve concrète. Effectivement elle porte le nom de mon mari mais je me trouve alors face à un dilemme : Yann, mon mari pressent qu'elle n'est pas sa fille. Je souhaitais une analyse génétique mais les événements se sont tellement enchaînés et précipités que je ne n'ai pas eu le temps d'aller jusqu'au bout de ma démarche.
- Toute vie partie avant terme, tout enfant né, a besoin de connaître sa parenté, peu importe qu'il soit un enfant légitime ou pas. C'est un être avec son propre chemin à vivre. Pour libérer son âme, son choix parental d'incarnation doit être validé. Il se libère, libère ses parents, ses ascendants et sa fratrie, me dit Rose.
- Vos propos résonnent en moi. Malgré le fait que je n'en sois pas sûre, je pense que Lucille est bien la fille de Louis. Comment m'y prendre ?
- Très simplement, écrivez une lettre à votre fille en lui expliquant et en la nommant et relisez-la à haute voix, c'est un don d'amour. Puis détruisez-la par le moyen qui vous semblera le plus juste.
- Merci, Rose.

La nuit est tombée depuis combien de temps ? Ni Rose ni moi ne nous en préoccupons. Les moments partagés s'écoulent sans que l'envie de regarder ma montre ne me vienne. Je m'étire, mon corps réclame une bonne nuit de repos, mais avant de dormir j'ai une chose importante à faire.

- Bonne nuit Laura, à demain où et quand vous le souhaitez… j'entends votre cœur me remercier, merci à vous aussi pour ce que vous êtes et la confiance dont vous m'honorez en me racontant votre histoire.
  A demain, bonne nuit, Rose.

Je reprends la petite sente longeant la mer, plus légère et déchargée d'un poids. Cette femme, m'écoutant pendant des heures avec bonté et sans aucun jugement, parfois en chantonnant doucement et en riant, me redonne confiance. Une fois rentrée, j'allume une bougie et je me prépare à écrire. Les mots viennent sans avoir besoin de les chercher. J'accepte et je reconnais la véritable parenté de ma fille.

Mon petit ange,
Avec tout mon amour de mère, dans la grâce de Dieu qui préside à toutes nos destinées, je dis et je redis devant tous que ton nom est :

Lucille ……..

Tu es bien la fille de Laura et de Louis, tes parents. Que ton nom soit chanté et aimé. Que ta venue sur terre soit reconnue et honorée. Je te demande pardon d'avoir attendu si longtemps pour le verbaliser et peut-être retardé ton chemin vers la lumière. Tu es ma fille née et repartie et je t'aime de tout mon cœur. Sache que ton père Louis, dans l'espace-temps de ta naissance, t'a aimée et reconnue. Pardon pour toutes les souffrances que tu as subies. Pardon pour tous les non-dits ou plutôt pour les non-avoués. Que ton nom Lucille, soit porté au firmament, reconnu et accepté comme il se doit.
Célébrons ton retour, chez toi dans la Lumière
Bon voyage mon enfant
Ta maman qui t'aime

Une émotion puissante me submerge, comme les flots puissants et bienfaisants de la mer, nettoyant tout sur son passage. Je sens la justesse de ce qui se déroule même si je n'en vois pas tous les tenants et les aboutissants. Une sorte de flash très furtif me fait penser à mes ancêtres. Peut-être que quelque chose est en train de se réparer également ? Plusieurs enfants, de sexe féminin, en bas âge sont décédés dans la lignée des femmes du côté de ma mère. Je relis ma lettre puis je la brûle en remerciant Dieu. Etrangement, je sens le parfum de Rose autour de moi comme si sa présence me soutenait, ainsi que celle des femmes de ma famille.

Je comprends que l'amour sincère et véritable représente une force considérable dans notre cheminement terrestre et autre. Il donne accès au pardon de soi et des autres, nous allège tous. Sans cet acte, les émotions sont retenues et les blocages qui y sont rattachés, également. Je sens un courant d'énergie puissante, se libérer dans mon ventre et dans mon cœur.

MERCI

Deuxième partie

CHAPITRE 4

Après une bonne nuit de sommeil et un petit déjeuner vite avalé, je monte dans ma voiture. Je chante en roulant et ma hâte de revoir la mer et Rose s'accentue à chaque virage. A peine la voiture garée, mes pieds sautillent en empruntant le trajet familier. J'ai toujours cette peur diffuse que mon rêve va s'arrêter en retrouvant le banc vide. Mais non, son petit casque de mèches argentées flottant au vent est là, bien réel. Une sorte d'accord tacite, non écrit, nous réunit l'une et l'autre, jour après jour, avec le même bonheur. Ses yeux m'enveloppent avec tant d'amour qu'ils donnent envie de s'y perdre. Je ne sais pas par où commencer mais Rose vient à mon secours.

- Où êtes-vous née, Laura ?
- Je suis née dans une ville du nord-est de la France, située en bordure du vignoble champenois, près d'Epernay. Un bébé comme les autres, innocent, confiant et s'époumonant pour exprimer sa bonne santé. Si ce charmant bambin avait eu connaissance du déroulement de sa vie, je pense qu'il aurait demandé à l'ange de service de s'en retourner dans l'autre sens illico presto.

J'entends le rire de Rose s'égrener en cascade.

- Vous avez une façon très personnelle de raconter les événements, j'adore, mais continuez, je vous en prie, dit-elle en lisant la surprise dans mon regard.
- Je suis la troisième d'une fratrie, la quatrième du côté maternel, celle que l'on nomme la petite dernière, d'une famille déjà bien marquée par les deuils. A ce sujet, je flotte encore dans l'ignorance de la situation. J'apprends plus tard que ma mère est veuve d'un premier mariage, ce

dernier ayant duré à peine deux mois. Elle est enceinte et met au monde mon frère aîné, Jean puis elle se remarie avec notre père. De leur union naissent trois filles, Marie, Anne, Laura. La première vit seulement trois mois et est emportée par une méningite. La deuxième a failli mourir également à l'âge de six mois mais survit. Enfin mon tour arrive et ma naissance ne pose aucun problème.

Mes parents choisissent de me garder malgré l'état de santé de ma mère. Elle était atteinte de la sclérose en plaques. Cette grossesse pouvait, soit améliorer son état, soit l'aggraver. Me voilà déjà, en tant que nouveau-né, chargée d'une lourde responsabilité ! De plus la naissance d'un garçon était espérée et là, pas de chance, encore une fille. Pour combler ce vide, je reçois le joli surnom de « garçon manqué ». Chers géniteurs qui ne mesurent pas les conséquences d'être affublée d'un tel nom ! Difficile de se situer dans ce surnom puisque vous n'êtes ni tout à fait une fille ni tout à fait un garçon. Ma féminité démarre très mal.

Ma mère étant souvent alitée, l'image de la femme s'en trouve quelque peu étouffée et perturbée dans mon inconscient. Mon enfance est donc partagée entre des moments de joie et d'angoisse. La relation instaurée entre ma mère et moi est d'ordre fusionnel. Elle peut aussi bien être mon refuge affectif qu'une source d'inquiétude permanente. Je passe parfois de longs moments, collée contre elle dans son lit et j'ai sucé mon pouce très longtemps. Une sorte de tranquillisant anxiolytique avant l'heure !

Pour ma sœur et moi le quotidien est loin d'être simple. Nous allons régulièrement en pension pour « soulager la maison ». Ma mère ayant besoin de repos, mon père doit nous caser à chaque hospitalisation. Je me souviens d'un Noël en particulier où on nous place chez les religieuses ma sœur et moi comme deux orphelines. On m'installe toute seule dans une chambre mais je hurle tellement fort qu'au final, j'ai le droit de dormir avec ma sœur. Je n'ai que cinq ou six ans ! Du même coup l'attachement à ma mère vire à la névrose.

- Quelle solitude Rose ! Je crois que c'est à cette époque que je commence à parler seule à des êtres que je ne vois pas. C'est un peu comme s'il y avait un rideau invisible au-delà duquel se trouve ma vraie famille. Parfois je suis prise en flagrant délit et tournée en ridicule, le sentiment du vilain petit canard. Comment leur expliquer ma profonde solitude et mon besoin d'être rassurée ? La petite fille que je suis ne fait pas de différences entre le monde physique et l'autre plus imaginaire, je n'ai pas d'explication concrète à ce phénomène, mais c'est ainsi.
- Et le plaisir dans votre jeune vie, où l'avez-vous trouvé ?
- Je le trouve dans ma relation avec la nature. Chaque été pour les vacances, nous partons en Alsace. Mon père travaille alors dans un service public, aux chemins de fer, ce qui nous offre la possibilité de nous retrouver dans une sorte de chalet familial. J'adore ces moments de liberté. Une douzaine de familles s'y retrouve et partage une vie communautaire. L'endroit est simple, presque rudimentaire, mais pour moi c'est le paradis. Une immense forêt de hêtres et de résineux entoure le chalet. L'air embaume les senteurs de pin et de sapin. Quelle joie pour tous les enfants qui, après avoir englouti leur repas, sont lâchés dans les grandes étendues boisées ! Notre terrain de jeu est gigantesque, découverte de nouveaux espaces, jeux de rôles, cueillette de champignons, de baies sauvages, de fleurs, rencontre insolite avec des biches et des chevreuils, occupent une partie de nos journées. Nous vivons en toute liberté et n'avons qu'un seul rappel, celui de la cloche annonçant les repas. Nous nous sentons toujours en sécurité comme si la forêt nous protégeait de façon bienveillante. Nous jouons du matin au soir, grimpons, escaladons et dormons comme des loirs. Le « garçon manqué » est aux anges et n'aurait pour rien au monde troqué sa place.

Très jeune, je me sens aimée et acceptée par la nature. Je parle avec elle. Bon d'accord, je fais les questions et les réponses mais je me sens écoutée, respectée. Je peux partager mes joies et mes tristesses. Toujours cette impression étrange que même si je ne vois pas de l'autre côté, il existe bel et bien.

En revanche, lorsque l'annonce du départ arrive, mon cœur est déchiré, je quitte un point d'ancrage et d'insouciante liberté pour retourner dans une maison synonyme d'angoisse. Pendant les vacances, la santé de ma mère ne me préoccupe plus autant. Mon esprit s'évade, respire, tout devient plus léger. La vie est simple et merveilleuse. Voyez-vous Rose, dans le giron familial, les moments heureux ont, par la suite succédé aux moments difficiles. Je pourrais comparer cela au rythme de la mer, avec une tempête qui surgit sans prévenir et dévaste tout sur son passage. Toute votre joie est laminée et l'angoisse vous étreint.

J'arrête de parler, dérangée par des mouettes qui se disputent au-dessus de nos têtes. Je remarque que Rose leur jette du pain. Je ne l'ai pas vue se lever. Son visage exprime tant de plaisir à voir les oiseaux virevolter et réclamer leur pitance. Tout en la regardant, je la découvre enfin, image improbable. Un manteau de laine bouillie, de couleur rouge bordeaux, recouvre sa frêle silhouette et lui sied à merveille. Des collants ou des bas, marrons, ornés de petites fleurs dorées finissent leur extension, dans deux bottines, version Mary Poppins ! Pour couronner le tout, un petit chapeau d'un ton vert amande, orné d'une pivoine fuchsia piquée sur le devant, se dresse sur un foisonnement de boucles argentées. Qui est-elle ? Un extra-terrestre aux couleurs bigarrées ? Je n'avais pas remarqué que sa tenue était si particulière. J'entends son rire s'égrener, tel le flot cristallin d'une cascade. Tout en sautillant et chantonnant, elle danse avec les oiseaux comme si sa gestuelle se synchronisait à leurs vols. C'est une femme à la fois hors du temps et bien réelle !

Mais les cris des mouettes deviennent de plus en plus stridents et un sentiment de mal à l'aise m'envahit.

Rose, les yeux brillants et malicieux, éclairant ses joues rosées revient s'asseoir et me regarde.

- Qu'est-ce qui vous effraie Laura, ce ne sont que des oiseaux ?
- Je ne supporte pas les cris perçants. La relation de couple de mes parents était chaotique. Lorsque ma mère était en pleine crise de sclérose en plaques, elle hurlait et attrapait tout ce qui lui tombait sous la main et le jetait. Elle menaçait de mettre fin à ses jours, ce à quoi mon père lui répondait qu'il allait se jeter sous un train. Je souris un peu intérieurement en vous le racontant car cela aurait fait un bon film. Mais je pense qu'à l'époque, pour une petite âme de deux ans planquée derrière sa sœur Anne, et accrochée à sa chemise de nuit, c'était un peu traumatisant. Nous devions être toutes les deux mortes de peur. Elle est mon aînée de cinq ans et contrairement à moi, elle se créera vite une barrière de protection, ce fut un vide de plus à vivre pour moi.

  Par la suite, mon comportement d'écorchée vive devient préoccupant à l'école et à la maison. La colère, la peur, la frustration, l'angoisse montent crescendo. Mon caractère excessif finit par se retourner contre moi. J'accumule les bêtises mais pourtant au fond de moi, je crie à l'aide. Je me trouve injustement traitée malgré les quelques efforts que fait mon père en m'emmenant voir un psychologue. On me fait passer des tests. On me trouve intelligente mais complètement impossible à canaliser. Les prémices de mon adolescence s'annonçent compliquées, ce qui fera dire à mon père quelques années après :
- Toi, tu es intelligente mais tu ne feras jamais rien de ta vie !
  Ces mots durs résonnent en moi comme une sorte de conclusion inéluctable dont j'ai eu beaucoup de mal à me libérer.

Je reprends mon souffle et laisse passer l'émotion. Je regarde Rose et tout en elle, exprime la bienveillance, la douceur et la féminité. Une oreille attentive et compréhensive, disponible. Je déroule le fil de mon histoire sans hésiter comme si tout était évident, alors que je ne la connais que depuis quelques jours, à peine. Que se passe-t-il ? Elle représente un rocher où je peux m'agripper et enfin me libérer ? Etrange sensation de bien-être, nuancée d'une légère interrogation, quel tableau faisons-nous ensemble, face à la mer ? Deux femmes qu'en apparence rien ne lie et pourtant si proches.

Rose me regarde et dit.

- La toile vous paraît si surprenante ? Nous sommes plus en adéquation que vous ne le pensez.
- Vous lisez dans mes pensées ?
- Qu'est-ce qui vous tracasse, Laura ?

Tout mon corps se crispe. La tension monte, je ne peux pas et je ne veux pas parler. Je sens la main de Rose dans la mienne. Cette main douce et ferme m'invite sans rien demander. Alors, à nouveau, l'émotion trop longtemps refoulée me submerge. Mon corps se met à sangloter.

- Oh, Rose, je n'en ai jamais parlé, balbutiais-je. Tout cela est si loin et si proche, je l'ai enfoui pour ne plus être salie. Il y a eu plusieurs événements.

  Pour le premier, je dois avoir à peine dix ans, mon père construit alors une nouvelle maison de plain-pied pour faciliter le quotidien de sa femme handicapée. La dalle vient d'être coulée. Une petite copine et moi allons voir la maison qui se trouve juste au bout de notre rue. Le sol est humide. Un des ouvriers nous prend dans ses bras, chacune notre tour, pour éviter soi-disant de nous salir. Lorsque mon tour arrive il me prend contre lui pour traverser la pièce. Il fait chaud et je ne suis vêtue que d'une simple robe. Je sens ses doigts passer dans ma culotte et caresser mon sexe. Je suis tétanisée et je me souviens juste que je n'ai qu'une envie, celle de m'enfuir le plus loin possible. Je gigote et du coup il me redépose rapidement. Nous partons sans demander notre reste et mon amie me raconte qu'elle a subi la même chose. J'ai honte Rose, et je n'ose pas en parler à ma mère. J'ai peur de passer pour une menteuse. Je garde cette chose immonde au fond de moi. Tout ce qui concerne ma féminité me rebute déjà, je voudrais être un garçon.

Un autre événement survient lorsque je suis en sixième. Je sors avec un garçon, enfin je l'embrasse juste. Un jour il m'attire dans son immeuble et me fait descendre dans sa cave pour une raison quelconque. Trois de ses copains arrivent et se mettent à me tripoter les seins. Ils essayent de mettre leurs mains dans mon sexe. Heureusement pour moi, les choses en restent là car on entend du bruit et quelqu'un arrive. Je suis sauvée si l'on peut dire car ils détalent tous les quatre comme des lapins, courageux les garçons mais pas téméraires ! Je réajuste mes vêtements et je pars en courant.

- Les petits cons ! laisse échapper Rose.
- Je suis salie une deuxième fois mais à nouveau je tais l'incident. Je suis seule avec ma honte, je ne fais plus confiance à aucun homme. En moi se grave un interdit puissant, être femme, c'est subir la violation de l'autre, sa pulsion, son manque de respect. L'éveil de ma sensualité doit être refoulé. Parallèlement la lecture des romans maternels et ma pseudo-éducation chrétienne n'arrangent rien. Hormis mes professeurs d'école qui m'ont donné accès à de très bons romans historiques et éveillé une envie d'apprendre, ceux de ma mère ont l'effet inverse. Un même scénario s'y répète : un homme riche, seigneur ou chevalier vient délivrer la jeune fille, très belle de surcroît et pauvre, version Belle au Bois Dormant, sans la richesse, ils se marient et ont une nombreuse progéniture. Dans mon cœur, une puérilité sentimentale voit le jour accompagnée d'une certaine exigence chevaleresque et évidemment d'une « happy end ». Quelle naïveté ! Dans ma jeune vie, j'ai eu la preuve que les hommes étaient des salauds. Je refuse d'être une femme et en même temps, je rêve d'un amour parfait qui viendrait me délivrer. Mais, dans mon inconscient, l'image de ma mère sans

cesse malade et alitée m'interroge. Il y a une impression d'inertie dans ce tableau, une vision de la femme, soumise et subissant.

Par réaction, je prends la décision de façon plus ou moins consciente, d'étouffer la femme en moi. Elle n'a aucune place sécurisante et encore moins d'avenir. Je m'emprisonne sans le savoir. Rester un garçon manqué, me venger des hommes, les séduire, les quitter. Cela évitera d'ajouter la peur de l'abandon à tout ce fatras émotionnel compliqué !

Un dernier événement se produit, tout aussi délicat et perturbant pour moi. Je ne me souviens plus exactement de mon âge, peut-être onze ou douze ans ? Je suis un jour ma mère dans sa chambre et la voit ouvrir l'armoire. Lorsqu'elle ouvre le tiroir de droite, j'aperçois un objet, une bague magnifique. Etant curieuse de nature, je lui demande de la prendre pour pouvoir l'admirer, je souris intérieurement car il est évident que c'est un cadeau de mon père. Ma mère refuse net. Je l'implore de me la montrer. Je réussis à attraper la bague et je la fais tomber sous ma chaussure. Ma mère se met en colère car la pierre s'est abîmée sur le dessus dans sa chute. Elle me dit juste que c'est la bague de fiançailles de son premier mari. Le message reçu à ce moment-là est double et me met mal à l'aise. D'une part l'amour qu'elle portait à son premier mari est bien réel car elle garde cette bague comme une relique intouchable, une sorte d'idéalisation cristallisée à la suite de sa mort brutale et injuste. D'autre part, et cela m'attriste, elle n'aime pas mon père. Alors que fait-elle avec lui ? Aux yeux de tous, elle semble être une sainte femme souffrant en silence, ne se plaignant pas, mais en réalité, elle peut être aussi dure et exigeante avec notre père parfois. Finalement il me semble qu'elle lui ment, et que son cœur en aime un autre.

De plus, bien des années plus tard, mon frère, Jean, m'apprend que notre mère a été déjà fiancée avant son mariage avec son premier mari, et que cet homme est mort dans un accident de moto. Quel fatras ! Avant même d'épouser mon père, ma mère porte déjà en elle deux deuils amoureux, mon père étant donc le troisième ! Quelle place a-t-il réellement dans son cœur ? Représente-il l'homme sacrifié ? Et nous, leurs trois filles, où est notre place, comment le savoir ? Le constat est terrifiant. Dans mon for intérieur, je suis née de parents qui ne s'aiment pas donc ils ne m'aiment pas, et l'ombre de deux défunts plane dans la maison. Pourtant, j'ai tellement besoin d'amour, de protection et de sécurité. La charge émotionnelle s'accumulant à l'intérieur de moi, je deviens parfois tellement pulsionnelle et écorchée vive que mon entourage en bave. Ma comportement et ma façon de m'exprimer me condamnent avant même que j'ouvre la bouche.

Vers l'âge de onze ans, l'état de ma mère ne s'arrangeant pas, mes parents me mettent en pension pour ma première année de collège, à deux kilomètres de chez eux. J'en garde un souvenir difficile car je me sens rejetée, mal dans ma peau et j'accumule les bêtises. Je commence à chaparder, je ne travaille pas, j'étouffe dans le pensionnat. Je fais le mur plusieurs fois et mon comportement se détériore. Je me souviens qu'une fois, après une énième bêtise, je m'enfuis et je parcours les deux kilomètres en courant pour retrouver la maison et ma mère qui me manque cruellement. Comme je n'ai pas été sage une fois de plus, elle refuse de me serrer dans ses bras. Je l'implore à genoux de rester avec elle, je veux la toucher, l'embrasser mais rien n'y fait. Cette scène est terrible pour moi. Le sentiment de rejet de la part de quelqu'un dont j'ai tant besoin me meurtrit profondément.

Mon comportement s'aggrave. J'attends dans la cour qu'on vienne me chercher. Je me souviens d'un jeudi en particulier, notre jour de congé à l'époque, où ma sœur vient au parloir et me fait savoir que je ne rentre pas chez nous, je suis punie, maman ne veut pas me voir. Les événements ne font qu'empirer, je prends colle sur colle et finis par ne plus avoir droit à aucune permission. A la fin de l'année, mon père est convoqué et l'établissement me renvoie. Pour clore le tableau, mes règles arrivent cette année-là, juste à la veille de ma communion solennelle. Nous sommes parties faire notre retraite. A la récréation, quelques filles et moi nous amusons à sauter de plus en plus haut sur les tas de foin, au grand-dam des sœurs qui nous cherchent. En allant aux toilettes je vois du sang couler et je crois que je vais mourir, que peut-être Dieu veut me punir de mes bêtises. Mais ma mère me dit le soir en rentrant ces mots très réconfortants et explicites.

- Tu es devenue grande ma fille.
- L'incompréhension doit se lire sur mon visage ! Je n'ai reçu aucune éducation sexuelle sinon celle de la violation de mon corps. Qu'est-ce que cela veut dire ? Je n'y comprends rien, seulement que je vais me tordre de douleur tous les mois et supporter un « truc » entre les jambes. Je subis une fois de plus un état non désiré et pour moi, ne pas pouvoir choisir est révoltant. Je refuse cet état de fait, j'ai peur et je trouve cela dégoûtant et humiliant. J'ai beau demander à Dieu de changer les choses, rien n'y fait. Je veux rester un garçon, même manqué, parce que les garçons peuvent tout se permettre avec les filles !

Le rire cristallin de Rose éclate. Cela m'apaise.

- J'aime votre façon simple et directe de raconter, dit-elle.
- C'est vrai que dans ma façon de présenter les événements, je suis un peu directe et sans nuance, dis-je en souriant.
- C'est votre sincérité surtout que l'on retient, Laura, mais continuez.
- Je fais ma communion le lendemain, ne me sentant pas vraiment concernée par le côté solennel de l'événement. Bon il est vrai que ma relation avec Dieu ou quelque chose d'approchant s'avère alors, très approximative. Cela représente un principe lointain, inaccessible et incohérent. Donc pas étonnant que ma demande d'être un garçon soit contrariée !

J'entends à nouveau le rire de Rose et il est tellement contagieux que je ris aussi. De sa part, je ne ressens aucune moquerie. Bien au contraire, grâce à sa présence, les mots s'ordonnent plus aisément. Un souffle léger circule entre nous, balayant sur son passage des années de crispations émotionnelles.

- Faisons une pause, j'ai faim, Laura ! Une bonne douzaine d'huîtres et un petit verre de blanc me conviendrait parfaitement et nous requinquerait.

Retour à la réalité du moment mais je m'entends répondre immédiatement.

- Voilà une bonne idée !
- Je connais un restaurant qui sert d'excellents fruits de mer. Je les apprécie et lorsque je viens par ici, je m'offre ce plaisir. Cela fait longtemps que je n'y suis pas allée.
- Alors je vous suis.

Tout en marchant à ses côtés, je continue à la regarder. Elle respire la joie simple de vivre ici et maintenant. En arrivant près de la plage, nous apercevons le restaurant « Au gré des flots ». Tiens, je ne l'avais pas remarqué auparavant. Et plus amusant encore, Rose y semble comme chez elle. Attablées derrière la vitre, nous regardons la mer et l'activité sur le petit port. En cette saison automnale, la préparation des fêtes de fin d'année donne de l'occupation et du travail à beaucoup.

- J'aime cette atmosphère maritime, me dit Rose, l'œil pétillant.
- Je vous avoue que moi aussi, j'aime la mer et tout ce qui s'y rapporte, le bruit des vagues, le souffle du vent dans les drisses, vous savez ce petit claquement que l'on entend lorsqu'elles tapent sur le mât.
- Oh oui ! Cela me berce et me fait rêver moi aussi.
- C'est un monde particulier mais attirant. Cette horizontalité de la mer à l'infini, me libère. Tout devient possible. C'est une symphonie invitant au voyage du cœur et de l'esprit.

- Jolie métaphore, Laura.

Un magnifique plateau de fruits de mer arrive à notre table, nous mettant l'eau à la bouche, commence alors un pur moment de bonheur. Rien que le fait de voir Rose savourer ses huîtres, me ravit. Elle semble puiser à la coupe du Graal.

- Vous mangez toujours de cette façon, Rose ?
- Bien sûr ! La Vie nous fait le cadeau immense de nous offrir de si bonnes choses alors je la remercie en savourant pleinement ces mets, me répond-elle.

Une autre chose attire mon attention. Pour manger, elle a ôté ses gants, d'une teinte fuchsia, assortie à la pivoine du chapeau, bien sûr ! Je vois ses mains pour la première fois. De petite proportion, au premier abord, elles s'étirent à l'infini en de longs doigts fins et fuselés, une artiste, je l'imagine jouant du piano ou peignant des tableaux.

Après avoir dégusté une douzaine d'huîtres, Rose se met à parler et me raconte ses nombreux voyages. C'est passionnant. Ses pas l'ont portée dans différents pays, à la rencontre d'une multitude de gens. Ses propos, égaillés de plein d'anecdotes, nous font rire parfois jusqu'aux larmes. Quelle conteuse et quel amour de la vie ! Je comprends qu'elle apprécie autant l'humour dans la narration des faits car elle l'utilise sans cesse. Je reste suspendue à son histoire et en même temps je la questionne sans cesse.

La nuit nous surprend dans cet échange captivant.

A nouveau je rentre chez moi, le cœur rechargé et comblé de tous ces échanges. Combien d'heures avons-nous passées au restaurant sans que l'on vienne nous demander de partir ? Avec Rose, le temps est différent, comme suspendu, je peux abandonner mon radeau car une véritable croisière se profile !

CHAPITRE 5

Pendant les deux jours suivants, je reste chez moi. La tempête se déchaîne. Le vent violent balaye tout sur son passage. Je mets ce temps à profit pour me détendre et apprécier de ne rien faire. Je décompresse. Enfin, le troisième jour, le ciel s'éclaircit et, sans me poser de question, je rejoins la côte et notre banc face à la mer. Je sais que Rose m'attend. J'aperçois au loin l'éclat de la pivoine et mon cœur fond.

- Merci !

Rose est identique à celle que j'ai quittée trois jours auparavant. Ses yeux marron, aux iris dorés pleins de malice, sa bouche dessinant un inaltérable sourire, les boucles de ses cheveux pirouettant dans la légère brise retenus au sommet par son petit galurin vert. C'est elle.

- Bonjour Laura, me dit Rose.
- Bonjour Rose, répondis-je, comme je suis heureuse de vous retrouver.
- Plaisir partagé ma chère. Quel endroit magnifique ! Je ne m'en lasse pas.

Une fois de plus, nous contemplons l'immensité de la mer. Aujourd'hui, l'onde s'est parée d'une robe d'un vert métallique, presque aveuglant. Je sens la respiration dans mon ventre s'accorder au grand souffle de l'énergie marine.

- La vie dans votre foyer parental a-t-elle toujours été difficile ? me questionne Rose.
- Non bien sûr. Il y a des moments heureux dans notre foyer. Mes parents n'étant ni pauvres ni riches, même si le sujet est tabou. Nous

mangons à notre faim et la cuisine est excellente. Mon père cuisine en un tour de main des plats succulents, nous achète notre petit croissant le dimanche. Souvent quelqu'un passe à l'improviste et s'attable avec plaisir autour d'une table alléchante. En parallèle, il nous arrive souvent, à ma sœur et moi, de n'avoir au souper qu'un lait chocolaté avec quelques tartines, lorsque le budget de fin de mois l'impose, je suppose. Mais mes parents sont des gens accueillants et nos grandes tablées me ravissent. Je n'ai pas vraiment de souvenirs de manque si ce n'est l'habillement. Je dirais que nous sommes mal fagotées, certainement comme beaucoup d'enfants de l'époque. Je crois que je m'en fiche un peu car j'aime tellement courir la campagne et grimper aux arbres que me pomponner ne représente absolument pas une priorité. Seule Anne, ma sœur de cinq ans plus âgée, prend soin d'elle, se maquille et porte un soin particulier à sa tenue vestimentaire. De ce fait elle reçoit toujours les compliments tandis que moi je passe inaperçue. De plus l'attitude de notre père envers nous se révèle ambiguë. Ma sœur, plus rusée, arrive toujours à ses fins contrairement à moi.

Un sentiment profond d'injustice voit le jour ainsi que son corollaire, la jalousie. Un fossé se creuse entre ma sœur et moi, je me sens toujours plus dévalorisée. Mon père prend alors une bonne décision et m'emmène voir un psychologue. A la suite de cela, chaque semaine, il me donne un peu d'argent pour me responsabiliser. Il me permet aussi de travailler. Ainsi chaque été, je trouve un emploi même pour dix ou quinze jours. Quelle joie de pouvoir gagner de l'argent grâce à mon travail !

Un jour, beaucoup de douceur arrive dans ma vie par le biais d'une petite boule de poil. Nous avons adopté une chienne noire et blanche. Nous unissons nos deux solitudes, elle et moi. Elle a son panier dans la cuisine juste à côté de ma chambre. Mais elle pleure toutes les nuits en raison de son jeune âge et de sa peur. Alors je me lève, la prends dans mes bras et la berce en chantonnant. Elle se blottit contre moi et nous finissons par nous endormir en nous réconfortant mutuellement. Nous sommes un refuge l'une pour l'autre. J'ai plein d'amour à offrir. Avec les humains, je ne sais pas comment m'y prendre, tandis qu'avec les animaux tout est plus simple.

En ce qui concerne ma mère, tantôt les choses s'apaisent tantôt nous sommes dans l'angoisse lors de ses séjours à l'hôpital. En revanche, je me méfie de mon père et nos relations deviennent de plus en plus tendues. Il représente l'homme sacrifié, faible, non respectable, il essaie de me « mater » et je lui réponds souvent. Plusieurs fois, il me brutalise (c'est un ancien boxeur !) sans ménagement. Avec le temps je commence à rétorquer et à lui renvoyer ses coups mais cela ne fait qu'empirer. Ces derniers devenant de plus en plus violents, je commence à avoir sérieusement peur de sa brutalité, le rapport de force étant inégal. Jusqu'à cette scène mémorable que je vous ai déjà racontée lorsque je m'enfuis en chemise de nuit. Après cet épisode, je n'ai plus souvenir qu'il m'ait battue.

A cette époque, je me réfugie souvent dans le sous-sol de notre garage. Il y a une petite pièce sans porte au fond, avec juste un lit et une armoire. Une petite fenêtre éclaire le lieu. J'en ai fait mon domaine et mon regard dirigé vers le soupirail espère ou attend une forme de délivrance. Je vis dans la pénombre, je me recroqueville sur le lit. Cet espace se trouve juste en dessous de la chambre de nos parents. Je stocke des provisions et il m'arrive souvent de grignoter en cachette. Mon grand frère, Jean, dont j'ai peu parlé à cette époque-là de ma vie, se moque souvent de moi. Il est mon aîné de presque douze ans et revient assez régulièrement à la maison. Et lorsqu'il me charrie, je prends tout au premier degré sans faire la part des choses. Bien sûr, avec ma grande sensibilité, la révolte et l'impulsivité sont mes compagnons de route. D'un autre côté j'admire ce frère, il représente un être à part dans notre famille, une forme de liberté conquise.

- Quel état de rébellion, Rose ! Pendant des années, j'oscille entre une sorte de soumission permanente et une révolte pulsionnelle. J'étouffe et je ne m'en rends pas compte. Qu'est-ce que je fous sur terre ? Malmenée, frappée, violentée et humiliée. Comment trouver mon ancrage dans la vie ? Je suis intelligente mais je ne ferais rien de ma vie, susurre la voix de mon père ! Je me suis créé un personnage qui ne me corresponde pas. Je masque mon besoin d'amour et je donne l'image d'une fille forte. Montrer ma vulnérabilité, c'est subir à nouveau.
- Ce n'est pas ce que l'on ressent Laura, lorsqu'on se trouve à vos côtés, murmure la voix douce de Rose.
- D'un autre côté pour rester objective, j'aime rendre les gens heureux autour de moi, faire rire. Je possède une nature optimiste, insouciante et gaie. Les deux se côtoient, une nature extérieure sans cesse en mouvement, incapable de tenir en place, joyeuse et une nature inquiète, sur le qui-vive en permanence, prête à combattre.

Je sens la chaleur de la main de Rose réchauffer la mienne et gagner mon corps tout en entier. Ma vision des choses devient plus douce. Je suis vraiment écoutée, comprise, peut-être aimée enfin, telle que je suis.

- Bien sûr, le temps et la vie m'ont aidée. Mais il me faut longtemps pour commencer à reconstruire le puzzle. Les épreuves s'enchaînent les unes derrière les autres. Personne ne se rend vraiment compte que malgré tous mes esclandres, la maison est à la fois mon refuge et mon enfer.

  Plusieurs souvenirs me reviennent de ma quinzième année. Tout d'abord ma sœur se marie et je me retrouve seule avec mes parents. Ensuite je réussis brillamment mon brevet, succès de quatre années de travail bien canalisées par une directrice de collège à la poigne de fer, genre Margaret Thatcher. La directrice me met dans son collimateur et ne me laisse rien passer. Je me calme en prenant goût au travail avec réticence d'abord puis avec un réel plaisir pour l'effort ensuite. Le cadre me sécurise. J'excelle en mathématiques, en histoire. Le fait d'être demi- pensionnaire me plait car je peux rentrer tous les soirs chez moi à vélo. J'apprécie cette forme de liberté et en même temps cela me défoule. L'exercice physique me calme. Le besoin de me dépenser nerveusement est immense et proportionnel à ma tension intérieure.

Durant mon adolescence, je m'essaie à plusieurs sports sans grand résultat, jusqu'à ma découverte du canoë-kayak. Le contact avec l'eau et surtout le plaisir de glisser sur les flots me procure un sentiment de joie et bonheur. Nous sommes un bon groupe et pratiquons sur toutes sortes de rivières. La chance d'assister aux championnats de France et d'Europe nous est offerte. Quel souvenir à couper le souffle ! Le monde du sport où le courage, la volonté, le dépassement de soi et l'esprit d'équipe sont les piliers de la réussite, m'apprend énormément. La vie m'a d'ailleurs donné l'occasion de les mettre en pratique.

Nous partons souvent le week-end en compétition avec notre entraîneur Michel. Comme à l'accoutumée, nous sommes arrivés la veille sur le lieu prévu. Nous faisons une première descente tous ensemble, histoire de repérer les passages délicats et de nous préparer pour le lendemain. Je partage un canoë deux places avec un équipier. La rivière est impressionnante. Plusieurs dénivelés se trouvent sur le parcours et notamment un barrage juste au pied d'un pont, en forme de S avec un gros retour d'eau à la base, un rappel. La hauteur de la chute d'eau dépasse les quatre mètres. Je suis impressionnée et peu rassurée. Lorsque le soir, à la veillée, nous apprenons qu'une semaine plus tôt, une jeune fille a trouvé la mort, bloquée dans le rappel, la panique s'empare de moi. Je crois que j'aurais fait n'importe quoi pour ne pas concourir le lendemain. J'ai honte de ma lâcheté mais je n'en parle à personne.

Le lendemain, notre entraîneur remarque ma mine déconfite et vient me rassurer. Je sais ce qui m'attend. Je vais passer cet endroit dangereux, seule, en kayak. Mon tour arrive. Je commençe à descendre tranquillement le cours d'eau et j'essaie de me concentrer à la fois sur mon parcours et sur mes mouvements pour atteindre le rythme souhaité. J'aperçois l'endroit tant redouté de loin et sens la force du courant me pousser naturellement vers la chute. Le candidat précédent se prépare à sauter et j'ai juste le temps de voir son embarcation tomber dans le vide. A cet instant mon cœur fait la même chose, il reste en suspension, je suis tétanisée. Les images défilent dans ma tête. Je vais mourir comme cette fille et mon corps restera au fond de la rivière, je n'y arriverais jamais, je suis nulle. Je tremble de peur. Le sifflement arrive, me faisant comprendre que la voie est libre. Je commence à donner de légers mouvements de pagaie, le visage blême. Tout à coup, j'entends crier mon prénom, je lève la tête et j'aperçois Michel qui hurle sur le pont. La brise me porte ses mots :

- Ne t'occupe pas du barrage, fonce, pagaie à fond la caisse et tu vas y arriver, j'ai confiance en toi.

Tout s'apaise en moi, un calme et une détermination prennent le relais. Arrivée à hauteur du pilier du pont, je ferme les yeux et je respire un grand coup. Je me mets à pagayer de toutes mes forces, cela occupe tout mon esprit, pagayer vite, encore plus vite. Mon bateau se retrouve suspendu en l'air une demi-seconde puis il plonge dans les flots. Même dans le vide, je pagaye, éclaboussée, douchée. Mon kayak est loin du barrage lorsque je reprends mes esprits. Michel court sur la berge et hurle.

- T'es une championne, ton passage était parfait.

J'ai réussi et en prime je suis toujours en vie, quel bonheur, je suis fière de moi !

- Si je vous raconte cet événement, Rose, c'est que son souvenir s'est gravé en moi. Il s'avère très important par la suite, de savoir que je peux dans des conditions extrêmes plonger au cœur de la tempête et ramener « l'embarcation à bon port ». Cela représente un socle, un fil-guide, et une valeur ressource dans ma construction intérieure.
- C'est intéressant, Laura, ce moment de vie que vous racontez. Je pense aussi que la vie tisse des liens subtils à travers nos vécus, comme une sorte de stockage mémoriel pour nous aider dans notre évolution future.

CHAPITRE 6

Face à la mer, nos regards dérivent au gré du vol des mouettes. Après un moment de détente et de paix, je reprends le fil de ma narration.

- Dans ma quinzième année, l'état de santé de ma mère se dégrade. Elle part une nouvelle fois à l'hôpital pour revenir quelques semaines plus tard en fauteuil roulant et ne plus le quitter. Elle est devenue complètement grabataire et notre père embauche une aide à domicile pour le seconder à plein temps. Charmante dame d'ailleurs que j'apprécie beaucoup. Elle s'occupe de notre mère et remplit le rôle de maîtresse de maison. Sa présence me rassure et comble un vide car depuis le départ de ma sœur, je me sens seule et encore plus angoissée. La vie revient dans notre maison. Elle est serviable et très humaine et nous parlons souvent toutes les deux.

  Ma scolarité se poursuit. Mis à part le français, l'histoire et les langues, je m'ennuie. Moi qui aime tant les maths, je ne m'y retrouve plus. Je ne sais pas ce qui se passe en moi, je n'arrive plus à trouver mes marques. Dans mon inconscient ma mère me fait souffrir et en même temps je suis accrochée à elle, comme une huître à son rocher. Je n'arrive pas à communiquer avec les autres, il faut que je me débrouille seule, que je devienne forte et indestructible. Je passe d'un extrême à l'autre comme une chaloupe naviguant en pleine mer sans trouver sa terre. Dans ce contexte, ma première relation intime est une déception et je décide de valider l'option garçon manqué !

J'entends le rire de Rose s'amplifier et sa joie est communicative. Rien apparemment ne lui parait tragique. Je me laisse gagner par sa joie.

- Que vous êtes drôle !
- Je sais, Rose, j'ai tendance à faire des raccourcis ! réponds-je, en riant à mon tour.
- Si je comprends bien, Laura, votre vie amoureuse a pris fin là ?
- Oh, non heureusement ! Vers dix-sept ans, je fais la connaissance de Guy qui va devenir mon mari. Ma vie devient plus douce, je ne suis plus seule entre mes parents, j'ai quelqu'un qui m'aime et que j'aime. Cette relation me donne l'occasion de faire de beaux voyages. Je découvre l'Italie, la Suisse et bien d'autres régions. Ses parents habitaient dans le sud-est de la France et je m'y rendais toujours avec plaisir. Ces séjours représentaient une vraie bulle de soleil. Ils étaient devenus ma seconde famille.

Malgré tout mon père me fait un merveilleux cadeau pour mes dix-huit ans. Il m'offre mon permis de conduire et une des clefs de ma liberté. Je suis reçue au code et à la conduite du premier coup. Pour plaisanter, en arrivant je lui fais croire que j'ai échoué et j'en prends une fois de plus pour mon grade.

- Cela ne m'étonne pas, tu n'arriveras jamais à rien.

Sans commentaire. Je suis fière de moi !

Pourtant, ce répit avec Guy est de courte durée car l'année de mes dix-huit ans, ma mère commence à respirer difficilement. Jusqu'à ce jour du mois de mars où son état s'aggrave d'heure en heure. La nuit qui suit, le médecin de famille ne peut se déplacer et, par chance, c'est un jeune remplaçant qui arrive. Je dis par chance car ce n'est pas une nouvelle crise de sclérose en plaques mais un infarctus. La surprise de mon père est totale car cela contredit le diagnostic de leur médecin habituel. Ma mère est hospitalisée d'urgence en pleine nuit au service de cardiologie. Je pleure à chaudes larmes en m'accrochant au brancard. Je suis prise de terreur en la voyant partir. Je pense alors qu'elle ne reviendra plus. Mon père essaie de me calmer mais sans résultat.

Mon père est convoqué quelques jours plus tard dans le service de soins intensifs de cardiologie où elle séjourne et je l'accompagne. Le professeur lui explique que ma mère n'a plus que trois mois à vivre. Je me souviens de son visage qui devient livide et de mon estomac qui se serre d'un cran supplémentaire. Nous demandons au médecin s'il n'est pas possible qu'elle puisse recevoir une greffe du cœur, son aorte étant perforée de manière conséquente. Le problème selon lui est l'état de ses poumons qui ne supporteront pas une telle opération. Pour qu'elle soit entourée de sa famille, ils vont la rapatrier dans l'hôpital le plus proche. Le retour en voiture avec mon père est difficile. Il pleure, se demandant ce que nous allons devenir. Je ne sais plus ce que je lui réponds mais j'essaie de le réconforter en mettant de côté ma peine et mes angoisses.

Qui peut m'aider à soulager les miennes ? Qui prend conscience de ma détresse intérieure ? Je n'ai que dix-huit ans et personne à qui parler, me confier.
Au retour, nous informons ma sœur et mon frère que la fin de notre mère est proche.

A partir de ce jour-là, je ne vais pratiquement plus à l'école. Je décide de me présenter au bac en candidat libre, avec une option philosophie, langues. Je passe presque tous mes après-midis avec ma mère, l'hôpital devenant mon autre lieu de vie. Pour la philosophie, je me débrouille comme je peux. J'assiste aux cours de français, d'allemand, d'histoire et de géographie. Mes révisions sont loin d'être assidues, impossible de me concentrer avec une boule au ventre en permanence. Je crois naïvement à la guérison de ma mère, en tout cas je m'accroche à cet espoir. Même si ma relation envers elle prend l'allure d'une névrose, je m'y arrime car c'est un de mes seuls points d'ancrage. Elle m'aime à sa façon à elle.

Heureusement, je trouve du réconfort dans la relation avec Guy. Nous nous sommes d'ailleurs fiancés l'année précédente. Je ne peux pas dire que je suis alors consciente de l'engagement que cela suppose. Je fais comme les autres. Au vu du modèle parental, cela ne donne pas vraiment envie d'y goûter !

Mais la roue cosmique tourne inexorablement et un des moments cruciaux de ma vie arrive. Ce soir-là j'attends les résultats du bac et je dois annoncer la bonne nouvelle à maman. Le verdict tombe, je suis recalée, pas de beaucoup mais recalée. En arrivant à l'hôpital, le cœur n'y est pas. La réaction de mon père me surprend car il veut que je cache la vérité à notre mère. Pour lui il est hors de question que j'aggrave son état. Je dois mentir et faire semblant d'être enjouée. J'ai détesté mentir Rose, j'ai honte une fois de plus. Je me sens soumise et rabaissée à travers ce mensonge.

J'entends ma mère respirer difficilement et ma sœur m'explique que la fin est proche. Je ne connais rien de la fin de vie et ce soir-là je m'enfuis malgré les récriminations de ma famille. Nous partons Guy et moi chez ses parents dans le Sud. Ma mère décède dans la nuit et nous l'apprenons par ses parents à notre réveil le lendemain seulement. Me trouver à 700 kilomètres me protège. Je me trouve dans une sorte de déni intérieur et je refuse sa mort pensant que ma famille me ment pour essayer encore de me faire du mal. Nous n'assistons pas à la mise en bière. Nous avons besoin d'un temps de repos et nous ne repartons que le surlendemain.

En entrant dans la maison, je découvre le cercueil fermé. Mon frère et mon père ont les yeux rougis. Ma sœur s'est occupée de notre mère, l'a habillée et préparée. J'ai l'impression bizarre que tout cela ne me concerne pas, je suis ailleurs sur une autre planète. L'enterrement a lieu le lendemain. Je me souviens d'une amie très proche de notre mère se mettant à pleurer à l'église. En la voyant, je me mets à sangloter sans comprendre ce qui se passe vraiment. Ma relation avec Dieu en est à son seuil le plus bas. Il n'existe pas, sinon comment peut-il me priver de ma mère ? Tout ce fatras religieux que nous avons subi ma sœur et moi, les messes tous les dimanches, les communions, les potins et les critiques à la sortie de l'office, cela n'a aucun sens. Ce sont des simagrées pour se donner bonne conscience devant quoi ? Ils appellent cela l'Eternel mais où se trouve cette éternité qui fait mourir les gens et pleurer ceux qui restent ? J'abhorre cet univers, il ne me concerne tout simplement pas.

Aussitôt les funérailles achevées, je repars avec Guy. Sur le quai de la gare, je me souviens de la réflexion de ma sœur. Comment puis-je porter un tee-shirt rouge alors que le noir est la couleur de circonstance ? Nous devons porter le deuil. Mais qu'ils aillent se faire voir tous, Rose ! Dans mon cœur, ma mère est vivante et je n'ai aucun deuil à porter. Ils me soûlent avec toutes leurs obligations. De toute façon plus je m'éloigne, moins je subis. La religion, telle que l'on me la présente, me rebute. Je ne ressens pas une vraie sincérité, un chemin possible. Je rue dans les brancards de tout le monde, me dérobe. Ils me voient tous tantôt comme un démon, tantôt comme une pauvre fille inconsciente. Plus je m'éloigne, mieux je respire. Le sas des vacances est apaisant mais une vraie fêlure apparaît.

Je reprends mon souffle. Je me tourne vers Rose. Ses paupières sont délicatement baissées, elle respire la mer, les embruns. De la voir ainsi offerte à la vie, je me sens rassurée, rassérénée. Pendant un long moment, nous nous laissons bercer, par ce va-et-vient incessant des flots. Ce calme qui nous envahit, cet espace de bien-être où tout respire, que c'est bon !

Après un long moment, j'entends sa voix :

- Comment se passe votre retour dans la maison familiale ?
- Un grand vide s'installe dans notre foyer. Je n'ai plus mes repères, mon fiancé est retourné à son travail en Allemagne. Malgré le contexte de la maladie dans lequel nous vivions avant la mort de notre mère, son absence se fait cruellement sentir. De plus, ma sœur revient vivre à la maison. Je pense qu'à ce moment-là, même si nos rapports sont parfois tendus, le fait de ne plus être seule me réconforte. Notre père est toujours au travail et nous nous retrouvons souvent toutes les deux. Il m'a clairement fait entendre que mes études s'arrêtent là et je n'ai pas d'autre choix que de subvenir à mes besoins. Je trouve rapidement un emploi dans un magasin proche de la maison.

La vie continue. Bien que nous partagions de très bons moments avec ma sœur, la nuit me terrorise. J'ai peur et à l'idée de m'endormir, je panique. Il m'arrive de demander à ma sœur de dormir avec elle ! Ne sachant plus où j'en suis, je prends la décision radicale de ne plus me marier. J'écris donc à mon fiancé pour lui signifier notre rupture. Il débarque illico presto et ma sœur l'accueille. Je finis par céder, et finalement pour mon plus grand bien car le fait de me marier et de quitter le foyer parental, est une libération ! La date du mariage est fixée en juillet.

Notre père nous fait bientôt une surprise qui nous met mal à l'aise. Quatre mois après la mort de maman, il amène une nouvelle femme à la maison en la faisant passer pour une amie. Très vite, ma sœur et moi comprenons qu'il est décidé à refaire sa vie avec elle. Je me doute bien que la solitude lui pèse mais il fait preuve d'une extrême maladresse dans sa façon de nous présenter les choses. Quand l'a-t-il connue ? Avant notre mère ? Il nous réplique que son médecin lui a conseillé de se remarier sinon il finira alcoolique ! L'argument ne passe pas. N'ayant pas fait le deuil maternel, nous ne pouvons pas faire preuve de compassion et de compréhension pour notre père. Il nous annonce en plus que son remariage aura lieu moins d'un an après le décès de notre mère. Là cela ne passe pas du tout parce que le mien est prévu un mois plus tard. C'est tellement inimaginable, j'aurais souhaité qu'il attende que je sois mariée, avant de se remarier.

Nous décidons alors, ma sœur et moi, de ne pas assister à son mariage. Je pense que « l'arête » reste coincée dans notre gorge. C'est un moment délicat lorsque je me marie avec Guy et que je vois cette femme à côté de mon père. Ce n'est pas ma mère. Comment peut-il ne pas se rendre compte de la peine et de la colère que je ressens ? Supporter la vision d'une autre que ma mère aux côtés de mon père, c'est intolérable ! Il n'a eu aucun égard pour moi dans ces circonstances. Est-ce que cet événement m'a donné une fausse image du respect et de l'engagement, je me pose la question ? Le prêtre qui célèbre notre union me prévient gentiment :

- Tu n'es pas prête Laura, le mariage est une chose sérieuse et je ne suis pas sûre que tu en mesures toutes les conséquences. Réfléchis bien.

Son regard est sans équivoque. Pour lui cette union n'ira pas loin. Ce qu'il ne sait pas c'est que mon géniteur est pressé que je « débarrasse » le plancher. Depuis la mort de ma mère, un besoin de respirer, de vivre surtout et de ne pas me plier à l'autorité, s'exprime en moi. Dans mon cœur, je pense que j'aime mon mari mais j'associe le mariage à une privation de liberté.

Après la cérémonie, un voyage de noces dans les îles espagnoles nous est offert. A notre retour, changement de vie radical, je quitte définitivement le domicile de mes parents pour ne jamais revenir y habiter. Je suis mon mari en Allemagne, pour commencer notre vie de couple. Je garde de cette année un souvenir mitigé, de moments heureux et d'un sentiment de solitude. Mon époux est souvent absent, de garde ou en manœuvres. Mes nuits sont toujours perturbées par ces cauchemars et terreurs nocturnes. Mais d'un autre côté, un grand parc jouxtant presque notre appartement me permet de faire de longues balades et de me sentir libre. La nature parée de ces grands arbres magnifiques me réconforte. La ville est décorée, parée et scintillante au moment des fêtes de Noël ou plutôt de la Saint Nicolas, un vrai moment féerique. J'y fais quelques rencontres amicales qui agrémentent mon quotidien. Le temps s'écoule relativement vite.

Un soir en rentrant du travail, mon mari m'annonce que nous retournons en France. J'apprécie la ville où nous vivons mais je suis loin de ma famille, enfin de l'idée que je m'en fais, car sans cesse tiraillée entre le besoin de la voir et la peine de ne pas être comprise.

Le régiment s'installe près de Paris. L'envie de travailler est très présente, je trouve un poste de responsable dans la grande distribution. La fonction étant exigeante, il me faut plusieurs mois avant de pouvoir la maîtriser. Je n'ai que vingt et un ans et je dirige des femmes dont certaines ont le double de mon âge ! Quel challenge mais aussi quelle école d'apprentissage ! Il faut sans cesse prouver ses capacités. Je passe de longues journées au travail, parfois même de six heures du matin à vingt-deux heures le soir lorsque je dois assurer la fermeture. J'apprécie mon poste et ma fonction. Ma vie s'organise essentiellement autour de mon travail. Du coup je passe peu de temps chez moi. Le besoin d'espace, d'exister et d'autonomie se fait sentir. A la maison Guy et moi parlons peu. Pour dire les choses honnêtement, nous n'avons rien à nous dire en fait malgré la tendresse que nous avons l'un pour l'autre. Je ne sais pas comment lui vit cette période mais notre relation de couple se détériore. Qu'est-ce que cela veut dire être mariée ?

Un appétit de vivre me pousse à me libérer d'un carcan qui m'étouffe et m'enferme dans une sorte d'insouciance du lendemain. La notion de limites, le respect de l'autre, dans l'engagement d'une vie de couple, me semble inaccessible. Depuis la mort de ma mère, la plaie ne se referme pas. Un grand vide névrotique perdure. Je réagis toujours de manière exagérée, excessive. Dieu m'est devenu inconnu tel un barbu lointain sur son estrade, qui n'en a rien à faire de nos vies. J'ai un grand besoin d'être nourrie mais par quoi ?

Une rencontre commence à faire bouger les choses. Je tisse une relation d'amitié avec un de mes collègues, Yann, d'origine bretonne. Autant avec mon mari nous échangeons fort peu, autant avec Yann nous passons des heures à discuter. Il possède une grande culture générale et me fait généreusement partager son savoir. Nos conversations s'ouvrent sur plein de sujets divers. Nous apprécions l'un comme l'autre, ces moments partagés et j'ai hâte de le retrouver. De plus il trouve toujours les mots pour me réconforter. Je me sens tellement dévalorisée par rapport à ma sœur ou à mon frère, que son estime me met du baume au cœur. Il sait me montrer que je suis une personne de valeur et recadrer ma vision des choses.

Nous partons nous balader en forêt et c'est magique. Dans les grandes allées ombragées, nous faisons de longues marches tellement bénéfiques que cela nous régénère de notre travail stressant. Je l'admire et j'ai un tel besoin d'être nourrie intellectuellement, autrement que par les romans à l'eau de rose de ma mère. Le temps à ses côtés est ressourçant. Mon terreau intérieur a besoin d'être ensemencé. Il me fait découvrir l'univers celtique et son panthéon. Quelle merveille et quel écho en moi ! Le lien qui relie les hommes à la nature, la terre-mère, me ravit. Je désire toujours en savoir davantage et je le remercie pour cela. Ces lectures me nourrissent et enchantent mon imaginaire et mon quotidien. Une compréhension et un accord parfait s'établissent instantanément entre nous. Le mot symbiose définit bien notre entente. J'ai l'impression de l'avoir toujours connu. Il n'est ni chrétien ni catholique, ce qui me convient finalement. Vu le peu de confiance que j'ai en ce Dieu de mon enfance, je vais être tranquille du côté bigoterie. Plus besoin de se croire pécheresse à tout bout de champ, d'attendre un paradis illusoire, je peux remiser les miracles et tout le tintouin au placard.

Rose rit.

- Je pense être enfin libérée, répondis-je le visage mi-sérieux, mi-souriant. C'est sans compter avec l'horloge de ma destinée !

Le soir descend doucement. Rose s'étire et baille. Il est temps de nous séparer. Une à une, les étoiles commencent à apparaître dans le ciel. Un sentiment de paix nous unit toutes les deux. Nous sommes juste là présentes, face à la mer.

- A demain, Laura ? Ses yeux espiègles et tendres me sourient.
- A demain, Rose.

CHAPITRE 7

Passé l'instant de nos retrouvailles, Rose me pose la question :

- Quel est cet événement dont vous vouliez me parler ?
- Je vous le raconte tel qu'il s'est déroulé. Ma façon de voir la vie s'en est trouvée changée à jamais.

- Comme beaucoup de femmes, je mets peut-être un peu trop de temps à me préparer ce matin-là. Pour mon travail, je dois porter un tailleur et des talons hauts. L'heure file et je cours prendre mon bus. Je dois en fait, prendre deux bus et effectuer un changement à mi-parcours. Je saute dans le premier tout en me demandant si j'arriverai à avoir ma correspondance. La circulation est ralentie par les embouteillages, ma pression intérieure augmente. Je ne supporte pas l'idée d'arriver en retard. Enfin, l'église où je dois effectuer mon changement est en vue.

A peine le bus arrêté, je descends vivement et monte deux à deux les quelques marches devant la basilique. Ma correspondance arrive, il y a du monde qui attend. En haut des marches, sur la petite esplanade, il y a une grille d'aération. Tout se passe très vite, mon talon se coince dans un des orifices et, prise par l'élan, je trébuche, perds le contrôle, je tombe et dévale toutes les marches. Mon corps s'arrête au bord du trottoir, j'ai la tête qui pend dans le vide côté rue et la seule vision qu'il me reste est l'énorme roue du bus à un mètre de moi. C'est la fin…

… puis tout s'arrête, se dilate, un grand silence envahit l'espace. J'ai vraiment la sensation de me trouver dans un autre univers, un autre espace-temps où tout est ralenti. Cet espace est calme, paisible,

cotonneux, c'est une sensation inconnue. Je vois deux rayons de lumière blanche comme deux mains prendre ma tête et la tourner doucement de l'autre côté, vers l'église. Je n'ai aucune peur, je me laisse faire, j'ai confiance, je ressens beaucoup de paix et d'amour. Puis doucement cet espace s'estompe et je reviens à la réalité...

La roue du bus passe à quelques centimètres de ma tête ! Les gens crient et se précipitent vers moi.

- Vous allez bien, vous nous avez fait peur. Vous avez eu le bon réflexe de tourner votre tête sinon vous seriez morte.

Je suis où là, me dis-je, sur terre, au paradis ? Pas de doute, la bonne odeur de l'asphalte emplit mes narines, je suis bien sur terre ! Une personne m'aide à me relever et je rassure les gens. En état de choc, je m'entends leur répondre que tout va bien. Je monte dans le bus et je vois la tête du chauffeur, livide. Une fois assise mon corps se met à trembler. Je claque des dents. Une dame me dit avec bienveillance :

- C'est une réaction normale due au choc, cela va passer ma petite.

Tout se bouscule dans mon esprit. De quel choc parlons-nous ? Celui d'avoir failli ressembler à une crêpe de profil avec le sourire en moins ou la rencontre avec cet espace-temps particulier, et cette lumière blanche ? Je n'ai pas rêvé, ces rais blancs qui ressemblaient à de la ouate, d'où venaient-ils ? Le silence, une impression de ralentissement, une distorsion de l'espace que je ne connais pas. Je ne peux pas en parler. J'ai été sauvée mais par qui ? Est-ce un miracle ? Comment comprendre ce qui est arrivé ? Ma main se crispe sur mon genou, il ne me manque rien, mon corps est sauf.

Quelque chose s'amorce. Y a-t-il autre chose que la réalité dans laquelle j'évolue ? Mes certitudes et mes convictions se trouvent bouleversées, je ne peux plus faire sans. Le plus étrange c'est que je n'ai pas peur, ces mains ou autre chose, respiraient la bonté et la douceur. Est-ce ma mère ? Comment savoir ? A notre mort allons-nous dans cet espace ? Au-delà de notre corps physique que se passe-il ? Des questions lancinantes, une petite voix intérieure déstabilisante me taraudent. Non, celui qu'on appelle Dieu n'existe pas, j'en ai déjà fait l'expérience. Mais le fait est que je suis vivante alors que tout aurait dû s'arrêter. Une esquisse de chemin se dessine....

- Je n'ai jamais oublié ce moment Rose. Il s'est gravé dans ma mémoire à nouveau tel un fil-guide. Ma vie semble assez précieuse pour avoir été préservée. Pourquoi ? Qu'est-ce que je dois faire ? Je me dis que si Dieu existe il incarne le principe absolu de l'Amour sans aucune limite ni restriction. Je me suis rebellée contre l'enseignement judéo-chrétien reçu petite, où il n'était question que de punitions, châtiments, pêchés et mensonges. Où se situe l'amour dans tout cela ? Dans cette autre dimension, l'amour est bien présent et emplit tout l'espace. Mon cœur s'ouvre. Tout est encore un peu un peu confus mais cela va prendre forme petit à petit.

Pendant mon enfance je parlais souvent seule à des êtres invisibles et j'étais sûre que ma parole était entendue. Vous savez Rose, j'aime profondément la Nature, les animaux, les oiseaux et je me sens tellement proche d'eux. Je fais partie d'un tout avec eux. Aucune barrière n'existe pour moi. C'est difficile à expliquer. En y repensant, je suis sûre qu'il y a une autre dimension ou d'autres dimensions et nous pouvons communiquer. De penser ainsi cela me réconforte et apaise ma solitude. Ma relation semble compliquée parfois avec les humains mais pas avec cet autre espace. Peut-être ai-je été sauvée par un ange gardien ou par Dieu lui-même ? Parfois, je me suis demandé si je n'avais pas rêvé toute cette histoire. Pourtant au plus profond de moi, il n'y avait aucun doute. Malgré toutes mes interrogations, ces instants d'une nature très particulière se sont gravés dans mon coeur.

Rose et moi respirons les embruns puissants apportés par l'écume marine. Tous nos sens olfactifs s'ouvrent à cet effluve que rien ne semble pouvoir arrêter. La brise réconfortante caresse nos corps et la mer nous berce, à l'unisson du rythme des vagues.

- Laura, cet instant l'avez-vous ressenti comme un nouveau fil-guide ?
- Oui, je me suis sentie aimée et j'ai été sauvée. Finalement Dieu ou autre chose de profondément bon, m'aime ? Je lui rends bien mal (sourire) ! L'émotion qui vous envahit après un tel moment est difficilement contrôlable et je remercie mon travail très prenant car il m'évite de trop ressasser. Les journées filent les unes derrière les autres, le temps terrestre reprend sa course effrénée.

  Concernant ma relation de couple, nous arrivons déjà au bout de notre chemin, Guy et moi, moins de deux ans après notre mariage. Je tombe sincèrement amoureuse de Yann qui m'exprime les choses clairement. Il ne désire pas une maîtresse à ses côtés, mais une épouse. Je décide de m'installer avec lui. La rupture avec Guy bien que souhaitée me fait de la peine. J'ai, de plus, l'impression de briser quelque chose car j'ai promis à ma mère de l'épouser avant sa mort. Une impression confuse de manquer à la parole donnée me tiraille.

  Des années plus tard un rêve viendra clore le chapitre de la promesse faite à ma mère.

  « Dans une petite chapelle, une tombe s'ouvre. Je sors péniblement en me hissant avec une sorte d'ectoplasme, forme sans consistance, accroché à mon côté. J'arrive à m'asseoir sur un banc et je donne un grand coup de coude pour me dégager de cette forme qui glisse et repart dans la tombe. La pierre du dessus se referme d'un coup sec. Je

respire et me sens plus légère. Maman, je ne te dois plus rien, je te rends ta promesse ! »

J'informe ma sœur et mon frère de mes intentions de divorcer. Ma sœur prévient notre père qui, évidemment s'inquiète. Au même moment, Yann reçoit sa mutation pour le sud. C'est une promotion et je décide de le suivre. Même si j'aime mon travail, je demande également ma mutation. Ce qui est pour mon père une nouvelle source d'angoisse. Que vais-je faire là-bas? Une fois de plus je suis jugée, les relations familiales vont se distendre. Je ne reverrais ma sœur que des années plus tard, et mon frère dix-sept ans après !

Cette fois-ci je suis heureuse de partir vers une nouvelle vie, de fonder un couple avec Yann, que j'aime. Je prends mes fonctions dans un poste différent, moins plaisant. Au bout de trois mois le directeur du magasin me fait comprendre que je ne corresponds pas à ce qu'ils attendent. Si je le souhaite, je peux réintégrer la fonction que j'occupais précédemment près de Paris. Retourner là-bas, c'est quitter l'homme de ma vie actuelle, donc je démissionne et je retrouve rapidement du travail.

Nous commençons à nous faire des amis. Nous tissons de plus en plus de liens avec un couple plus âgé, Jacques et Jacqueline. Jacques et Yann s'en donnent à cœur joie car pendant de longues heures, ils partagent leur culture intellectuelle. L'accueil et la générosité de nos amis nous permettent de découvrir des sites magnifiques. Je garde un souvenir magique de la Sainte Baume, de ses arbres centenaires, de son oratoire. Le chemin est escarpé mais l'effort est récompensé. Quelle beauté ! Nous visitons les Baux de Provence et bien d'autres endroits encore. Jacques et son épouse vivent près de Marseille et partent très souvent le weekend retrouver des amis dans une grande maison ancienne dont chacun possède une petite partie. Ils nous y invitent et j'apprécie beaucoup cet endroit reposant et ressourçant. Ce lieu est surtout un lieu d'échanges et d'amitiés. Quel bonheur de s'y abriter lorsque la température dépasse 40°C ! Les arbres qui se trouvent dans le parc nous apportent la fraîcheur nécessaire mais aussi le calme et la tranquillité. Nous partageons d'excellents repas et des moments de franche rigolade. Je rends grâce à nos chers amis de nous y avoir emmenés. Cela me rappelle l'Alsace et mon enfance. J'y retrouve la même simplicité et joie de vivre dans ce havre de paix.

Au début de l'année suivante, mon divorce avec Guy est entériné. Au même moment, un changement important arrive dans ma vie, je ressens des sensations nouvelles. Le matin je suis barbouillée et nauséeuse. Après une visite chez le médecin, j'apprends ma grossesse. Je suis enceinte pour la première fois. Nous allons devenir parents. Bien sûr nous n'avons pas prévu un enfant si vite mais nous sommes heureux car tout est normal. Cette petite âme qui nous a choisis sera la bienvenue et accueillie comme il se doit.

Vers la fin de ma grossesse, Jacques nous fait découvrir le tir à l'arc. J'adore cette discipline qui demande de la concentration et de la précision. Alors enceinte de huit mois, je deviens accro et je monte, parfois à six heures du matin, m'exercer dans son immense grenier. Cela me procure un sentiment de calme et de détente profonde.

Deux mois avant la naissance de notre enfant, nous nous marions en toute simplicité, avec deux témoins. Je suis vraiment heureuse. Je désire ce mariage de tout mon cœur. Je vais former une famille avec l'homme de ma vie, celui que j'ai choisi. Enfin je suis prête !

Puis la naissance arrive et mon corps se met au travail. Après de longues heures de contractions, le chirurgien prend la décision de me faire une césarienne car notre enfant se présente en siège et ne descend pas. A mon réveil en pleine nuit, je cherche mon mari et mon enfant, personne. Mon mari est parti se coucher et je ne sais pas où est mon bébé. Le lendemain lorsque le pédiatre entre dans ma chambre et me dit en souriant « Vous avez un bébé magnifique », je m'effondre en larmes car je ne l'ai toujours pas vu et qu'il est midi. Il ressort et cinq minutes plus tard mon fils est dans mes bras.

- Arthur, que tu es beau !

Quelle chance nous avons. Il est si beau dans sa petite grenouillère bleu marine ! C'est doux d'être maman, mon cœur s'ouvre d'un immense amour et en même temps, cela fait peur. Un sentiment de responsabilité s'ancre en moi immédiatement. Je suis comme toute maman, lorsque mon petit pleure, c'est une part de moi qui pleure. Lorsque mon petit sourit c'est tout mon être qui rayonne. Mon petit bout de chou est ma lumière !

Yann arrive et, après les moments d'effusion et de tendresse, il m'explique qu'il doit partir à Toulouse nous trouver un appartement car il est muté dans un peu plus d'un mois. Rétablissement, retour à la maison et préparation du départ, les choses vont vite et je n'ai guère le temps de souffler.

Une nouvelle triste nous parvient, notre ami Jacques vient de mourir des suites d'une opération. Nous l'appréciions beaucoup et il était encore jeune. Encore une fois, la vie et la mort se succèdent.

Puis commence une nouvelle vie, je m'adapte au nouvel appartement et je prends de nouveaux repères pour nous construire un nid. Pour combien de temps ? Ces deux années passées à Toulouse sont des souvenirs heureux. Notre vie s'organise autour du travail de mon mari. Souvent nous partons marcher et courir en forêt avec notre fils. Il s'épanouit, grandit et adore cueillir des fleurs, regarder la nature. Je décide de travailler et trouve un emploi de commerciale chez les particuliers. J'aime mon travail et je commence à gagner ma vie. Nous désirons agrandir la famille Yann et moi et en juin, j'ai le bonheur d'être à nouveau enceinte. A l'automne mon mari m'apprend sa nouvelle mutation, nous partons bientôt dans la Loire.

Je suis toute à la joie de vivre cette deuxième grossesse et de préparer notre départ. Nous trouvons une maison à louer dans un lieu magnifique à la campagne, nous y emménageons juste après Noël. A peine arrivés, il se met à neiger en quantité et le thermomètre chute en dessous de 30°C. Tout est gelé et le spectacle est grandiose, en revanche, les robinetteries sont gelées également, ce qui est nettement moins drôle ! L'entraide entre voisins va s'avérer nécessaire et tout finit par rentrer dans l'ordre.

Trois mois après, j'accouche d'une belle petite fille bien portante et adorable, Gwendoline, surnommée affectueusement, Gwenn. C'est une vraie joie d'être à nouveau maman. Elle sourit tout le temps, c'est un amour. Je suis tellement heureuse auprès de mes enfants. Les mois passent pleins de bonheur. Yann part tôt le matin et rentre pour le souper, ses postes devenant à chaque fois plus exigeants et demandant plus de temps. Le coin où nous vivons prédispose à la balade.

Un jour, nous sommes invités à une fête. J'en suis ravie, je trouve une jeune fille pour garder notre fille qui n'a que quatre mois et prépare notre fils chaudement.
Au cours de la soirée, je fais la connaissance de Louis et là quelque chose se passe, Rose, je ne comprends pas, je me retrouve attirée par lui et réciproquement. Le lendemain matin je ne suis plus la même, je suis en état de détresse et de manque. Que se passe-t-il ? C'est un peu comme si j'enfilais le costume de quelqu'un d'autre. Je me raisonne en me disant, tu ne peux pas tomber amoureuse de cet homme, tu ne le connais pas d'une part et d'autre part tu aimes ton mari ! Qu'est-ce qui t'arrive ? Je me sens comme envoûtée, attirée par un être que j'ai rencontré il y a à peine vingt-quatre heures. Quelle torture !

Les jours et les mois qui suivent, je vis obsession sur obsession. Je n'ai plus faim et je ne pense qu'à le revoir. Il m'aurait fallu de l'aide à cet instant, pour sortir cet homme de mes pensées. Lui, il avait compris que cette histoire d'amour bouleverserait nos vies. Ceux qui ont vécu ce genre de choses peuvent comprendre. Cette rencontre fout notre vie en l'air et celle de nos époux respectifs. Au bout de quelques mois nous devenons amants. Comme si les choses étaient inscrites quelque part. On m'aurait fait boire un philtre d'amour, le résultat aurait été identique. Je me trouve prise au piège de mes émotions.

Je vis très mal cette double vie, les cachotteries et les mensonges m'angoissent. Quelque temps plus tard, je finis par avouer la situation à Yann et j'essaie de rompre avec Louis. Quel engrenage ! Là encore, nouvel échec, je suis incapable de prendre une décision et de m'y tenir. Je passe par des phases de stress intense, boulimie, jeûne, problèmes de santé divers. Je souffre et j'ai honte, je ne me reconnais pas, une sorte de fanatique, irresponsable, inconsciente. Qui suis-je à ce moment-là ? Une femme à la dérive qui ne trouve plus sa terre. Plus les jours s'enchaînent, Rose et plus je suis enfermée dans cette relation. Une nouvelle névrose me rappelant celle vécue avec ma mère. Cette façon d'aimer passionnellement, ce besoin physique intense d'être collée à lui, en état de manque permanent, quelque chose se répète mais pourquoi ? Quelques années plus tard, une femme me confirmera ce ressenti. Y a-t-il un lien entre ma mère et cette relation extraconjugale ? Je veux dire dans la manière de la vivre émotionnellement plus que dans la relation elle-même. Une perche m'est-elle tendue pour sortir d'un engrenage familial ?
Pour clore le tout, je tombe à nouveau enceinte. Mon mari Yann a toujours pensé que c'était la fille de l'autre. La suite, vous la connaissez, j'ai perdu cet enfant et je me suis dit que je le méritais vu mon comportement.

Rose me répond doucement…

- Laura, soyez plus tendre envers vous. Votre âme est belle et votre courage indéniable ! Sur notre chemin, certaines situations, nous amènent à revivre des émotions particulières. Peut-être une opportunité de guérison se présente-t-elle ? C'est à chacun d'en ressentir toute la pertinence et d'agir ou pas en conséquence.

CHAPITRE 8

Après un moment de silence où les paroles de Rose m'apaisent, je continue mon histoire.

- Deux ans après je pars en formation dans le Sud-est pour étudier les plantes médicinales. Quel bien cela m'apporte ! Je me dis que cela m'aidera à prendre du recul. C'est une année de bonheur que nous vivons avec mes enfants lorsque nous sommes tous les trois. Les senteurs du midi, cette atmosphère méditerranéenne, sa cuisine, me ravissent. Nous montons à cheval, nous profitons de la piscine. J'en garde un bon souvenir, comme un espace-temps où je m'autorise enfin à exister.

  Puis lors de mes retours à la maison, dans la Loire, je me rends compte que je n'arrive toujours pas à oublier Louis. A la fin de mon stage, je prends la décision de m'installer avec lui. Je sens que je prends la mauvaise direction mais je la prends peut-être pour exorciser mes démons intérieurs ? La vie à deux n'est pas simple, perpétuellement faite de bas et de hauts. Etre amants est une chose, se retrouver dans une vie de tous les jours en est une autre. Nous ne sommes pas sur la même longueur d'onde, une distance s'installe entre nous.

  Nous nous séparons au bout de deux ans et j'essaie de revivre sur de nouvelles bases, avec mon mari. Impossible Rose, je n'y arrive pas, je ne trouve plus mes marques. Je l'aime toujours mais une part de moi s'est recroquevillée. Il me faut du temps. Notre couple ne trouve plus ses repères et il a quelqu'un d'autre dans sa vie. Je me retrouve seule. A la Toussaint, nous prenons la décision de divorcer, Yann et moi.

Louis vient s'installer avec moi. Nous tentons une nouvelle fois de vivre ensemble.
Les quelques années suivantes sont parsemées de moments de tendresse et d'incompréhension mutuelle. Le fossé continue à se creuser entre nous inexorablement.

- Quel gâchis Rose ! Je me sens coupable et à la dérive. Comment trouver une aide pour refaire surface, pour éviter d'être emportée dans ce tourbillon de souffrance ? Nous vivons une relation amoureuse, possessive, exclusive ! Il n'est pas responsable, nous sommes responsables tous les deux. Que devons-nous à la vie pour nous perdre ainsi, pour souffrir au-delà ce que l'on peut imaginer ?

Pour ne rien arranger, une distance semble s'installer entre mon ex-mari et mes enfants. En ce qui me concerne je n'ai que ce que je mérite mais ses enfants ont besoin de lui. Ils ne sont pas responsables. C'est étrange en vous racontant cette période, je me rends compte avec le recul qu'une dualité puissante s'affronte en moi. Une partie de moi refuse cette situation inéluctable, cherche des moyens pour s'en sortir, se débat. Tandis que l'autre, prise dans ses tourments et ses obsessions, subit, comme si une sorte de paralysie l'empêchait d'affirmer sa volonté, son désir propre. Un cordon ombilical qui n'est peut-être pas tout à fait coupé ?

- Aujourd'hui Laura, quel regard portez-vous sur cette période ?
- C'est étonnant que vous me posiez cette question. Aujourd'hui, j'ai l'impression de vous raconter la vie de quelqu'un d'autre. Comme si j'avais lu un roman, souffert avec les personnages et refermé le livre en me disant que c'était juste un roman. A la différence près que dans mon corps, il y a encore des zones douloureuses, des stigmates de culpabilité et d'angoisse !

- C'est vrai, Laura. Le corps a besoin d'un peu de temps pour se libérer d'anciens schémas de fonctionnement. Il faut être patient ? dit Rose en souriant.

- A cette même époque, Anne, ma sœur vient s'installer près de chez moi. Une page se tourne pour elle aussi après un passage conjugal douloureux et délicat. Nos rapports s'améliorent et nous avons l'occasion de nous voir régulièrement.

Puis arrive une grande période de joie et de paix. A trente-huit ans, je décide de m'inscrire à l'université et de préparer un DAEU littéraire (diplôme d'accès aux études universitaires), équivalent du baccalauréat. Je garde un excellent souvenir de cette année. Une grande complicité unit notre groupe de travail et nous nous épaulons pour organiser nos révisions et obtenir notre examen. Nous avons la chance d'avoir d'excellents professeurs. J'obtiens mon diplôme avec de très bonnes notes en histoire et en géographie. Le soir des résultats, je me souviens avoir fait un bras d'honneur à mon père en lui disant intérieurement :

- Tu vois le mensonge, il n'y a plus de mensonges, j'ai mon bac et je ne le dois qu'à ma volonté et à mon courage.

Dans mon cœur j'ai simplement dit à ma mère que le mensonge était réparé. J'ai gardé ce poids pendant vingt ans et je m'en sens libérée. Cela me met du baume au cœur, je prends à nouveau conscience de ma capacité à entreprendre une action et de la mener à la réussite. Je retrouve au travers de cet épisode une plus grande confiance en moi.

Je commence à entrevoir une séparation avec Louis mais il me faudra encore trois ans. Je vais seule un jour, prier au Mont Saint Michel, pour demander à l'Archange de me donner la force de partir et de combattre mes démons intérieurs. Grâce à cela, je réussis à partir. C'est une libération pour nous deux.

La vie m'apporte alors un vrai coup de pouce car après des années de petits boulots, je suis embauchée dans le monde de la finance. Au bout de trois mois de salaire, je suis en mesure de louer une petite maison et de subvenir au besoin de ma petite famille.

Ma sœur et des amis viennent m'aider à déménager. Je me sépare définitivement de Louis, le cœur vide, avec à la fois, un sentiment de paix et de manque. Nous nous retrouvons enfin seuls dans notre nouvelle maison, Arthur, Gwenn et moi. Une nouvelle vie commence.

- Je pense sincèrement, Rose, qu'après de telles épreuves, deux divorces, une séparation et la mort de mon troisième enfant, je vais enfin souffler…

Dans le silence de Rose, je respire le respect et l'amour. L'Azur bleu nous absorbe toutes les deux. Nos deux silhouettes perchées en haut de la falaise suivent l'éternel va-et-vient de ce grand flux. La mer remonte, reprend sa place, mue par une force puissante que rien ne semble pouvoir arrêter. Un rayon de soleil l'illumine et l'irise d'un manteau nacré, comme un bijou offert, attendant d'être révélé. Le petit espace de notre banc se fond dans cette image comme la partie d'un tableau où chaque détail revêt une importance particulière. Je sens le souffle régulier dans mon ventre, et Rose, les yeux fermés, offre son visage à la brise montante.

Je rejoins mon sweet home, attendrie et nourrie par notre échange et cette complicité vivante de femmes. Je me glisse au chaud dans mon lit, lovée dans les bras de la nuit.

Troisième partie

CHAPITRE 9

Tout en marchant au bord de la mer, je pense à Rose et à notre relation. La retrouver est un vrai bonheur et une telle chance. Mais, en apercevant notre banc, surprise, il est vide ! Où est Rose ? Ai-je rêvé sa présence ? L'espace d'un instant, le vieux sentiment d'abandon refait surface. Je scrute l'horizon puis je perçois au loin un petit éclat fuchsia, près des chalutiers. Ouf ! Elle existe bel et bien. Merci. De loin, elle me fait signe de la rejoindre. Comment sait-elle que je viens d'arriver ? A cette distance, elle ne doit pas voir grand-chose. J'arrête de me poser des questions, je descends la pente escarpée et bientôt son joli minois se dessine à ma vue. Elle discute avec des pêcheurs ! Ce petit bout de femme est bien au fait de leur travail. Il semble évident que ces marins la connaissent et l'estiment. Je finis par y perdre mon latin. Qui est-elle réellement ? D'un côté, elle paraît légère comme une plume, aérienne, donnant l'impression que rien n'est grave. De l'autre côté, elle écoute, avec une véritable humanité, les problèmes évoqués par ces hommes de la mer, en n'hésitant pas à leur exposer son point de vue. Ce paradoxe tellement saisissant finit par me faire sourire.

- Venez Laura, je vous présente, me dit-elle.

Elle me nomme les personnes présentes une à une, Malo, Joël, Yvon et le plus jeune, Gaël. Leurs faces burinées par l'eau salée affichent clairement leur métier, particulièrement ces fines rides bien marquées, de chaque côté des yeux, qui soulignent la multitude de froncements du regard à force de scruter l'horizon. Je les écoute discuter avec plaisir sans plus me formaliser de l'attitude de Rose. Puis ils nous saluent et retournent à leurs activités.

- Allons marcher, la mer est plus calme et ce timide soleil invitant, me propose Rose.
- Avec plaisir ! Dites-moi Rose, je suis impressionnée de vous voir parler avec ces marins comme vous venez de le faire.
- Vous savez, l'aventure humaine me passionne et lorsqu'on s'intéresse vraiment aux gens, tout devient simple et facile. Ce sont des hommes courageux et passionnés, aimant leur travail. Malgré la pénibilité de leur métier, ils se sentent libres et heureux et c'est ça qui est le plus important. Ils se passent souvent le relais de père en fils et parfois de père en fille. J'apprécie les gens qui sont animés d'un véritable amour pour ce qu'ils font.
  Et vous, comment allez-vous ce matin, ma petite Laura ?
- Mieux, mon cœur s'allège doucement mais sûrement, je sens les tensions s'apaiser et mon ventre se libérer. Je vous le dois assurément.
- Je vous remercie, mais le mérite vous revient, me répond Rose.
- Parfois Rose, je me demande si vous ne venez pas d'une autre planète ? dis-je en souriant.
- Oh quelle idée ! répondit-elle en riant.
  J'ai hâte d'écouter la suite de votre histoire ! Que s'est-il passé après votre séparation et votre installation ? Nous en sommes restées là, je crois ?
- Exact ! Nous venons d'emménager dans notre foyer et une nouvelle organisation à trois se met en place. L'équilibre masculin n'étant plus là, mes enfants, surtout au début, se chamaillent pour un rien, c'est peut-être une réaction de défoulement ? Toujours est-il qu'il me faut mettre un peu d'ordre pour que le calme revienne.

Je remarque que mon grand garçon n'est toujours pas en forme. Avant notre déménagement, il a développé une sorte de kyste dans le dos au niveau du rein droit. Extérieurement cela ressemble à une grosse bosse. Nous lui avons fait passer un IRM. La conclusion du chef de service est la suivante :

- Il n'y a rien de grave, nous pensons à un hématome avec calcification, mais pour être parfaitement tranquille, je lui ferai faire une biopsie si c'était mon fils.

A l'époque, comme le déménagement et ma séparation avec mon compagnon sont imminents, je me dis que nous irons voir un spécialiste après. Mais à présent, une intuition sous forme d'alerte me taraude. Au fil des jours, les traits d'Arthur se creusent et son sommeil est profondément affecté. Je me demande vers qui me tourner et où aller ?

Bien des années auparavant, un ami m'a donné ce conseil :

- Si un jour, tu as un vrai souci de santé pour toi ou un de tes enfants, choisis plutôt d'aller dans un grand centre hospitalier, Brest, Nantes ou Rennes, Paris où ils traitent beaucoup plus de cas différents.

Un matin du mois d'octobre, pressentant l'urgence et voyant Arthur de plus en plus mal en point, je prends la décision de me rendre avec lui à l'hôpital de Rennes sans prendre de rendez-vous. Deux grands pôles sont possibles, l'hôpital Nord et l'hôpital Sud. Nous sommes orientés dans un premier temps vers le service d'orthopédie du centre hospitalier de Rennes Sud. Une fois arrivés au secrétariat du professeur qui dirige tout le service, j'explique la situation. La secrétaire me répond :

- Je comprends Madame mais laissez vos radios, le médecin va les examiner et nous vous rappellerons d'ici une quinzaine de jours pour fixer un rendez-vous.
- Non, Madame, nous ne repartirons pas sans avoir eu un entretien avec le professeur. Mon fils ne dort plus la nuit et souffre continuellement. Nous resterons dans la salle d'attente toute la nuit s'il le faut en attendant qu'on veuille bien nous recevoir !

Certes, je fais un peu le forcing mais nous n'avons pas le choix. Comme par enchantement, un quart d'heure plus tard, la secrétaire

nous annonce que nous avons rendez-vous à quinze heures. Comme quoi être déterminée, cela peut s'avérer une qualité très utile ! Nous disposons de trois heures libres avant le rendez-vous, alors nous partons déjeuner pour nous changer un peu les idées avant l'entretien.
A l'heure prévue nous sommes reçus fort aimablement en consultation privée par le professeur. Il a appelé un de ses confrères et ils ont observé minutieusement l'excroissance. Il nous dit :

- Si effectivement c'est un hématome avec calcification, l'opération s'avère délicate. Je vous dis délicate car nous sommes proches des reins et du poumon droit. Donc, si nous pratiquons un acte chirurgical, nous ne serons pas trop de deux, chacun étant spécialiste dans son domaine.
- Par contre, précise-t-il fermement, je n'évacue pas la possibilité d'une tumeur, nous allons programmer une biopsie pour étudier la nature des tissus. Fixons la date pour dans dix jours, c'est-à-dire au deux novembre. Il nous faudra attendre ensuite une quinzaine de jours pour les résultats. En attendant, je vais lui prescrire des antalgiques codéinés, pour le soulager.

Malgré le contexte difficile, nous ressortons de l'entretien réconfortés par cet échange avec ce grand médecin chaleureux et humain.

Le deux novembre, sous anesthésie générale, mon fils passe sa biopsie, des prélèvements de tissu interne sont effectués au cœur de l'hématome à des fins d'analyse. Nous le retrouvons à l'hôpital le lendemain ma fille et moi. Tout s'est bien passé et la morphine qu'ils lui donnent pour la douleur le soulage énormément. Il semble plus reposé et détendu. Sa sortie est prévue le jour d'après. Nous nous armons de patience car nous savons que quinze jours seront nécessaires avant d'obtenir les résultats. Pendant ces jours d'attente, je sens que cet étrange mal dont souffre Arthur le ronge et que son état empire.

Il faut patienter encore. Nouvellement embauchée en mai, je continue mon travail dans le monde de la finance, mais je n'ai plus le cœur à l'ouvrage.

Le rendez-vous avec le médecin qui l'a opéré est enfin fixé au seize novembre à dix-neuf heures. A la date prévue, nous voilà de retour à Rennes pour connaître enfin les résultats. Ce n'est pas le professeur qui nous reçoit mais un de ses adjoints, celui précisément qui a pratiqué la biopsie. Le verdict tombe comme une massue lorsqu'il s'exprime :

- A la nature des résultats complets et observés, ce n'est pas un hématome mais une tumeur maligne.

Etant ignare dans ce domaine je demande des précisions.

- Votre fils a un lymphome à grandes cellules (pour ne pas dire le mot cancer Rose !) et la seule médicamentation possible à ce stade est la chimiothérapie. Je vais vous donner les coordonnées du professeur qui dirige le service d'hématologie clinique. Son secrétariat vous donnera un rendez-vous rapidement sous dix jours.
- Est-ce grave ?
- Oui, insiste-t-il, c'est une tumeur.
- Pourra-il en guérir ?
- Je ne peux pas me prononcer. Tout dépend du terrain de la personne et de sa réaction à la chimiothérapie.
- Nous avons assez attendu, je souhaite un rendez-vous le plus vite possible, lui répondis-je.
- Je vais voir ce que je peux faire et je vous fais préparer son dossier.

Le médecin sort, je pense par délicatesse, pour nous laisser le temps de digérer l'information. Une douleur me prend en-dessous du thorax, violente comme un coup de poignard, mais lorsque je vois Arthur s'effondrer à mes côtés en me disant :

- Tu te rends compte, maman, j'ai un cancer à dix-huit ans, ça craint.

J'ai la réaction de toutes les mères, pas le temps de m'apitoyer sur mon sort, celui qui a le plus besoin de réconfort, c'est mon fils. Je me tourne vers lui en l'entourant de mes bras.

- Tu vas t'en sortir, je suis à tes côtés, on va se battre. Tu es jeune et tu vas guérir. Regarde-moi, ne doutes pas, tu vas guérir.

Le docteur revient en nous annonçant qu'il a fait avancer le rendez-vous avec le professeur au lundi matin, huit heures, c'est à dire trois jours plus tard.

Nous devons nous préparer à une longue épreuve, un voyage au long cours, dont l'issue est incertaine. Mais pour mon fils ?

- Qu'est-ce qui se passe Rose, dans le cœur d'un jeune d'à peine dix-huit ans qui vit cette maladie ? A-t-il honte d'avoir un cancer ? Est-ce qu'il se dit : je vais mourir ?
- Pour répondre à votre question d'un point de vue extérieur, cela peut paraître terriblement injuste à son âge, répond-elle.
- Pendant le retour en voiture, nous en discutons tous les deux. Il est ébranlé et se braque contre l'idée de devoir subir une chimiothérapie. Je continue à le rassurer et à affirmer :
- Je sais mon fils et je comprends tes peurs. Tu connais mon avis sur les hôpitaux mais là une petite voix me dit que tu vas t'en sortir.

En mon for intérieur, je n'ai eu qu'une petite seconde d'abattement. Je me dois d'être forte, courageuse, pour lui. Son attitude dépend de la mienne, s'il me sent sûre de moi, il suivra. Pour être honnête Rose, je ne sais vraiment pas dans quoi je m'embarque. Est-ce que les gens qui vivent ce drame les touchant ou touchant un de leurs proches, connaissent la marche à suivre ? Nous avons essayé beaucoup de médecines parallèles sans résultat. Je conclus que pour une fois il faut faire confiance aux médecins.

Arrivés à notre domicile, ma fille me raconte qu'elle a fait une chute dans les escaliers. Je regarde sa cheville qui gonfle. Gwendoline s'est fait une belle entorse, bizarre non. Elle attendait la réponse du

médecin, elle aussi et je pense qu'elle angoissait. Etant d'une nature très intuitive et sensible, elle le savait.
J'essaye, par égard pour mes deux enfants, de rendre cette soirée la plus légère possible. Une fois chacun d'entre eux monté dans sa chambre, je m'installe dans la mienne.

Les pensées tourbillonnent dans ma tête et je bouillonne intérieurement de colère et d'incompréhension. J'ai un compte à régler avec Dieu ou je ne sais quel Principe Supérieur, ce n'est pas la première fois et je sais que je serai entendue. Je parle doucement, à voix haute à Dieu ou l'univers :

« Comment est-ce possible, t'en faut-il toujours plus ? Si tu existes vraiment, si nous sommes nourris par toi, comment une chose pareille peut-elle arriver ? Je suis une mère, tu sais ce que cela veut dire, je l'ai porté dans mon ventre et tu veux me le reprendre. Alors écoute bien je ne vais pas me laisser faire. Je vais me battre et tu ne l'auras pas. Je refuse, tu entends, de voir mourir mon fils ! J'ai accepté le départ de ma mère, je t'ai offert la vie de mon troisième enfant, celui-là tu ne l'auras pas. Je me battrai jusqu'au bout même si je dois y laisser ma vie. »

J'attends un instant, le silence règne dans la pièce. Sans trop réfléchir, je prends mon jeu de Tarot de Marseille, auquel j'ai été initiée par une femme bien des années plus tôt. Au début je me suis posée beaucoup de questions concernant cet outil puis j'ai remarqué que ce jeu m'aide à développer ma concentration et à canaliser ma pensée. Bref je me calme et je tire deux cartes en demandant si mon fils va s'en sortir. La réponse apparaît : oui, ce sera dur mais oui. L'espoir est là et pour mon fils, ce sera une véritable renaissance.

- Vous savez, Rose, je me conditionne peut-être en utilisant un support mais peu m'importe. Je sens la détermination grandir en moi, la locomotive se met en marche. Je refuse de m'arrêter sur les difficultés, j'ai un but précis, la guérison de mon enfant. Quelle épreuve terrible nous allons vivre, mais cet instant de grâce va me porter ! Je sors de ma chambre et je toque à celle de mon fils pour lui dire. Nous pouvons parler en toute liberté et je sais qu'il a confiance. Cette nouvelle adoucit sa peine, en tout cas je l'espère du fond de mon cœur.

Le lendemain, toute la famille proche est au courant, son père Yann, ma sœur, mon frère et mon père. Ma sœur m'apporte son soutien de différentes façons. Elle dit à son neveu qu'elle croit en sa guérison et nous prête sa voiture plus confortable et puissante que la mienne pour les trajets à l'hôpital. Il nous faut plus d'une heure de route pour y aller et autant pour en revenir. Le fait de nous sentir entourés nous fait du bien. Mais le voyage ne fait que commencer…

J'ai du mal à parler, du mal à raconter mais l'amour de Rose m'entoure. Je pleure et en même temps je me sens enveloppée de douceur et de tendresse, sa présence m'aide à faire naître les mots, à me délivrer de mon histoire.

- … nous partons très tôt le lundi pour être à l'heure du rendez-vous tant attendu. Nous sommes accueillis une fois de plus de façon courtoise et humaine par le professeur du service d'hématologie clinique. Il observe minutieusement les radiographies.
- On vous a dit lors de l'IRM qu'il n'y avait pas de tumeur ?

  Son air perplexe parle à sa place. Il n'ajoute rien d'autre certainement pour ne pas discréditer un confrère, en revanche nous enregistrons l'information. La radio passée il y a presque trois mois aurait dû nous alerter ! Au moins la biopsie avait-elle été conseillée, heureusement ! Il ausculte Arthur, demande une prise de sang immédiate et nous demande de revenir le lendemain pour un prélèvement de la moelle osseuse.
- La moelle osseuse ?

- Oui, je précise, la moelle osseuse du sang, dit-il, c'est notre réservoir d'information et ça nécessite une anesthésie locale. D'ailleurs comme vous revenez demain, je vous conseille fortement un passage à l'hôtel Dieu pour faire un prélèvement de sperme.
- Pourquoi faire ?
- C'est une précaution à prendre, par rapport aux différents traitements qui vont être décidés et au cas où il voudrait des enfants plus tard.
- Comment ça ? Vous voulez nous dire qu'il peut devenir stérile ?
- Si nous sommes amenés à lui faire une autogreffe ou une allogreffe, qui sont des protocoles assez lourds, alors oui, cela peut parfois provoquer la stérilité. Mais nous n'en sommes pas là. Tout va dépendre de la façon dont son corps va réagir au traitement.

Il rédige son ordonnance et lui prescrit de la morphine pour le soulager.

J'ai l'impression d'arriver sur une autre planète, dans le monde de l'incarnation médicale et l'atterrissage s'avère brutal ! Tous ces termes qu'il va falloir s'approprier pour suivre pas à pas le processus.

Le lendemain, retour à l'hôpital, l'acte sur la moelle est effectué. J'entends mon fils crier. Il me raconte ensuite que c'est très douloureux même avec une anesthésie locale.

Le jour d'après, direction l'hôtel Dieu où on le conduit jusqu'à une cabine avec revue adéquate pour fantasme et éjaculation dans une éprouvette. Le summum de la jouissance avec la partenaire en moins ! Son sperme va être congelé et donc disponible en cas de besoin. Nous en rions en regagnant notre voiture ! Vu le contexte cela adoucit le moral des troupes.

Nous retrouvons ensuite le professeur. Sa décision est prise, l'hospitalisation d'Arthur est prévue le lendemain soir. Il souhaite commencer le traitement très rapidement car il n'y a plus de temps à perdre. C'est nettement moins drôle pour Arthur qui n'est pas vraiment pressé d'être hospitalisé ! Il angoisse et se demande à quelle sauce il va être mangé. J'essaye de faire preuve d'optimisme et de lui donner confiance.

- Tu es entre de bonnes mains, Arthur et tu vas y arriver.

Le docteur nous inspire confiance et cette confiance ne nous quittera pas.

Arthur est hospitalisé le jeudi soir. A peine arrivé et installé dans son lit, les infirmières le branchent pour qu'il reçoive son premier traitement de chimiothérapie. Dans ce moment délicat, sa petite amie se trouve à ses côtés ainsi que leur groupe de copains proches, étudiants à l'université de Rennes. Quelle chance ! Nous allons former une sacrée équipe de soutien.

Je reprends la route seule ce soir-là, avec un sentiment mêlé de solitude, de soulagement et d'inquiétude. Les allers et retours pour l'hôpital commencent, une heure vingt de trajet et idem pour rentrer. Nous sommes le vingt et un novembre et la nuit tombe vite mais je m'en fiche complètement. Une seule idée m'obsède, le soutenir, être près de mon enfant, le sortir de là. Tous les parents feraient la même chose, pensais-je. Il y a des moments où certaines priorités s'imposent et tout le reste se trouve relégué ailleurs. Le seul problème, c'est que je me retrouve seule puisque je viens de quitter Louis, et Yann, leur père est remarié et a des enfants. Je découvre à mes dépends, le côté génial de la famille monoparentale ! Par ailleurs, mon lieu de travail se trouve à soixante kilomètres de notre maison et je ne me vois pas travailler et faire en même temps mes allers et retours à l'hôpital de Rennes. Je dois prendre une décision pour être présente le plus possible auprès de mon fils.

Grace à la compréhension de mon médecin, j'obtiens un arrêt maladie pour « syndrome dépressif ». Je souris à ce terme car je ne vais pas vraiment avoir le temps d'apprécier ce syndrome dépressif !

Très vite grâce au traitement, la tumeur dans son dos dégonfle. Mon fils est rassuré à l'idée de rentrer bientôt à la maison. L'équipe médicale s'occupe bien de lui et sa sortie est prévue quelques jours plus tard. Mais, après sa première ponction lombaire, il déchante vite car les résultats montrent des cellules malignes se baladant dans le liquide céphalo-rachidien. Il doit recevoir une injection de chimiothérapie à la base de la colonne vertébrale. C'est une grosse épreuve pour lui car les ponctions lombaires sont pénibles et douloureuses. Son moral en prend un coup car son séjour à l'hôpital se prolonge. Tant que le résultat des analyses est négatif, il ne peut pas sortir. En attendant, tout notre groupe de soutien essaie de le réconforter, tout le monde est présent le weekend. Enfin, au bout de dix jours, après la troisième ponction de vérification, l'autorisation lui est donnée de rentrer à la maison.

Avant sa sortie, le médecin nous convoque pour nous expliquer le déroulement de l'aplasie : la chimiothérapie qu'on lui a injectée les jours précédents va faire chuter ses globules blancs et ses plaquettes de manière assez radicale. Ses défenses immunitaires vont s'en trouvées considérablement diminuées. Une grande vigilance s'impose car à ce stade d'affaiblissement, il peut contracter n'importe quelle maladie. Un cathéter, sorte de capsule en haut du thorax, lui a été posé pour diffuser le produit, cela évite de le piquer sans arrêt dans les bras et protège du même coup son système veineux.

En résumé, retour à la maison avec une pile de médicaments récupérée à la pharmacie de l'hôpital et en route, arrêt nausée oblige, le repas d'Arthur est éjecté au bord de la voie rapide. Tout se passe sous les meilleurs auspices !

Ni lui ni moi ne savons ce qui va se passer, nous attendons. Je suis aux abois, tel un bon chien de garde, prête à agir en cas de problème. Nous avons beaucoup de chance si on peut dire car une amie, infirmière libérale réside tout près de chez nous. Quelle infirmière et quelle amie, une âme à l'esprit ouvert, observatrice, connaissant parfaitement son travail et disponible même à une heure tardive. Elle va m'être d'un précieux secours !

Un jour se passe, et déjà, Arthur commence doucement mais sûrement à décliner. Les résultats de la prise de sang journalière confirment la chute lente et progressive des globules blancs et des plaquettes. J'essaie de paraître naturelle mais mon angoisse monte d'un cran. Le jour suivant, la dégringolade continue. Le troisième jour, mon fils ne se lève presque plus, il est sans forces et n'arrive plus à se nourrir par lui-même. Je lui donne à manger des petits pots de bébé (retour en arrière mais avec un mètre quatre-vingt en plus !), vision à la fois attendrissante et inquiétante. Je trépigne et me dis qu'il faut faire quelque chose, qu'il y a sûrement quelque chose à tenter mais quoi ?

Je repense alors à un rêve fait plus d'un an auparavant :

...Je me trouve dans la rue centrale de ma ville. Je rentre dans une maison ou plutôt un lieu qui apparait comme un sanctuaire. Il y a une forme allongée, une sorte de gisant auquel je parle. Il ressemble au roi Louis, Saint Louis ? Je lui dis plusieurs fois « renais Louis ! » et tout doucement, j'assiste à son réveil et je vois ses yeux s'ouvrir : il renait...

Rêve complètement burlesque mais qui me réveille en sursaut et m'intrigue. Je ne vois vraiment pas ce que Saint-Louis, aussi brave soit-il, vient faire dans ma vie ! Mais toujours est-il que dans mes pensées l'antienne persiste, « renais Louis »... Je tourne cette phrase absurde dans tous les sens puis une idée me vient. Est-ce en rapport avec Renée, un des prénoms de ma mère décédée et l'ouïe, un des cinq sens? Je dois peut-être entendre ou comprendre quelque chose ?

- Si je vous raconte cet épisode Rose, c'est que d'une part je rêve peu ou plus exactement, je ne me souviens pas de mes rêves sauf lorsque un petit coup de pouce de mon antenne subtile m'est donné pour m'aider. Et d'autre part il se produit une réalisation concrète à la suite de ce rêve. Chez moi ce n'est pas un détail anodin, rien de magique non plus, mes rêves m'indiquent un chemin ou m'alertent. J'ai appris à les écouter et avoir du respect pour ce guide intérieur, cet autre disponible qui s'exprime de façon concrète.

Une autre anecdote me revient également : un an auparavant, en juillet, ma fille et moi cherchons une ceinture ancienne montée avec de gros anneaux pour son costume de participante aux fêtes. Elle a une grande robe blanche très évasée avec une cape bleue. L'idée nous vient d'agrémenter sa robe, un peu trop simple, avec un objet. Le thème de cette année-là est la Renaissance ! Il fait très chaud cet après-midi-là et nous allons de boutique en boutique sans résultat et je répète toujours la même formule :

- N'auriez-vous pas une ceinture ancienne comme on en faisait à une époque avec de gros anneaux etc…

  La réponse est toujours non. Fatiguée et moite tellement le thermomètre s'en donne à cœur joie, je finis par penser à ma mère (décédée depuis vingt-deux ans !) en lui disant intérieurement :
- Tu ne peux pas faire quelque chose ?... je n'en peux plus !

  Dernière boutique, même demande et toujours la même réponse, nous sortons dépitées et soudain une femme se présente et s'approche de nous.
- J'ai la ceinture que vous cherchez, mes parents tenaient un magasin de maroquinerie et d'accessoires et mon grenier est plein d'objets.

Elle nous donne ses coordonnés, téléphone, adresse, puis se recule en disant :

- Pourquoi je vous raconte tout cela … je ne vous connais pas, je suis prudente d'habitude ?

Je la rassure et nous convenons d'un rendez-vous.

- Ce qui est étrange Rose, c'est que les deux histoires, celle de mon rêve et celle de la ceinture se passent au même endroit. Cela peut paraître ridicule d'associer les deux événements, sauf que mon fils est très faible et que je me dis que puisque j'ai fait un rêve à cet endroit et obtenu l'objet que je souhaitais, je vais y retourner. Tant pis si on me prend pour une cinglée, qu'est-ce que je risque ? Cette fois-ci au moins, je sais pourquoi j'y vais.

Je commence à dialoguer avec les morts, je deviens peut-être givrée mais il y a urgence !

Il est dix-sept heures, la nuit commence à tomber. Le ventre noué en pensant à mon fils, je me pose à l'angle de la rue, exactement à l'endroit où j'étais la dernière fois. J'appelle ma mère à voix basse, en lui demandant de l'aide : « il doit y avoir une solution pour soulager mon enfant, donne-moi une image, un indice ? ».

Je vois immédiatement le visage d'un homme connu qui tient un magasin de diététique, une rue plus bas.

Oh non ! Pas lui, c'est un commerçant uniquement intéressé par son chiffre. Pas très sympa pour lui, je le reconnais. Mais l'image persiste alors je me résous à descendre jusqu'à son magasin. A peine entrée dans sa boutique, je lui explique toute la situation sans omettre un détail. C'est alors que les choses s'enchaînent claires et précises. Il me répond tout naturellement :

- J'aide actuellement plusieurs personnes qui sont dans le même cas que votre fils. Je suis pharmacien de formation et j'ai suivi les cours de nutrithérapie, à Marseille, dispensés par un des professeurs du service de cancérologie. Je vous propose d'essayer ces trois produits, le premier est à base de levures vivantes et d'oxygène, le deuxième est un concentré de vitamine C et le troisième produit est composé de végétaux vivants pour nettoyer les émonctoires. Cela aidera votre fils à mieux supporter les effets de la chimiothérapie et surtout à se régénérer plus rapidement. Si vous n'avez aucun résultat dans deux jours, revenez me voir et je vous rembourse intégralement.

Je paye et je prends les produits tout en le remerciant, j'ai confiance. Au moment de sortir, il me tend sa carte pour me rassurer.

- Si vous avez besoin d'un conseil ou d'une aide, je vous donne mes cordonnées, n'hésitez surtout pas à m'appeler !

  Je prends sa carte et mes pulsations cardiaques s'accélèrent. J'ai un choc en découvrant son nom. Il s'appelle René-Louis ! D'accord, j'ai rêvé mais entre mon rêve et la réalité, cela fait bizarre. Déjà que je parle à des revenants et des gisants mais si en plus ils s'incarnent, je ne sais pas si je vais pouvoir gérer !

Le rire cristallin de Rose résonne à nouveau.

- Le lien subtil entre notre vie terrestre et nos rêves est parfois surprenant !

  Malgré votre étonnement, Laura, je trouve que vous faites très bien la relation, non sans une pointe d'humour. Votre fils va pouvoir bénéficier d'un soutien naturel par rapport aux effets de la chimiothérapie.
- Oui. Pas le temps de tergiverser, je file à la maison pour donner ce nouveau traitement à mon fils. La remontée est spectaculaire ! En deux jours, il est sur pied, mange à nouveau normalement, ses taux progressent. De retour à l'hôpital de Rennes, le professeur est agréablement surpris et nous confirme qu'Arthur a une excellente résistance. Son corps se défend bien ! Bon, d'accord mais il ne faut tout de même pas oublier les voies célestes et les compléments alimentaires. Inutile de préciser que mes remèdes particuliers ne sont jamais mentionnés et restent planqués définitivement ! Pour les

personnes qui raisonnent exclusivement de façon scientifique, la nutrithérapie fait encore office de poudre de Perlimpinpin.

- Vous voyez Rose, ce qui s'est passé autour de cette histoire de compléments alimentaires a quelque chose de troublant, mais le plus important, c'est que je me sens soutenue. Je ne connais rien au monde médical et je me dois d'être vigilante et ne pas m'en remettre uniquement à leur façon de penser. J'ai confiance dans les protocoles mais je pressens qu'il faut aller puiser des ressources ailleurs.

  Le problème des compléments recommandés par « Saint Louis » est leur coût. Les ampoules de levure vivante hyper oxygénée qu'il m'a conseillé d'acheter pour toute la durée du traitement sont fabriquées en Allemagne et distribuées par un laboratoire situé dans l'est de la France. Elles sont conditionnées en boîte de dix et mon porte-monnaie ne va pas tenir le coup ! Alors j'ai l'idée de téléphoner directement au siège du laboratoire et de leur expliquer la situation. Ils me répondent très aimablement qu'il est possible de commander ces ampoules en grande quantité en vrac et qu'ils les livreront à l'adresse du commerçant choisi, cela divise le prix par trois ou quatre ! Je suis un peu gênée mais je retourne voir René-Louis pour en discuter. Il ne fait aucune difficulté et accepte de recevoir les trois cent ampoules sans emballage. Il me propose même de les conserver au frais et de nous les fournir au fur et à mesure des besoins. Quel soulagement ! Je le remercie de tout cœur ! Mes jugements rapides sur sa façon d'être sont remisés au placard en même temps que mes critiques. Le surnom de Saint-Louis lui convient parfaitement. J'adresse un grand merci plein d'amour à ma mère, envoyé de la terre à je ne sais quelle strate céleste !

J'entends un son de gorge, puis Rose recommence à rire et son rire devient contagieux. Nous sommes toutes les deux en train d'imaginer la scène et plus elle rit, plus je ris aussi.

- Ecrivez votre histoire Laura, votre sens de l'humour permet d'apporter une touche de légèreté dans la souffrance. C'est un bien précieux à partager, vous ne trouvez pas ? me dit-elle d'une voix encore parsemée d'éclats de rire.
- Peut-être… qui cela peut-il intéresser ?
- Votre histoire peut faire du bien à beaucoup de monde, il y a tant de gens qui se démènent pour la guérison de leurs proches.
- Je crois qu'une pause nous fera du bien. Prête pour déguster une douzaine d'huîtres, Laura ?
- Oh oui, si vous me prenez par les sentiments ! Au Gré des flots, comme d'habitude?

Tout en prenant le chemin du restaurant, je sens mes poumons se déployer, je respire de mieux en mieux. La fraîcheur de cette fin d'automne nous fait accélérer le pas et bientôt l'enseigne de la gargote apparaît. Notre table près de la fenêtre nous attend, nous commandons nos plateaux avec plaisir et Rose prend son petit verre de blanc. Pendant tout le repas, elle me raconte encore ses voyages et moi je n'en perds pas une miette, ses aventures me distraient et me font rêver.

- Que c'est bon Rose, de vous écouter dans un si beau contexte, nourrie de plats succulents. Je revis et je retrouve les joies simples.
- La vie ainsi est agréable, murmure Rose.

Après une bonne tasse de café bien chaud, Rose me demande :

- Comment avez-vous fait, Laura pour financer ces ampoules ?
- En rentrant, j'ai raconté mon périple à Arthur. Deux de nos amis prévenus de la situation ont décidé d'offrir chacun une centaine d'ampoules. Quel cadeau, merci à eux ! De mon côté j'ai pu en acheter également une centaine. La chose la plus importante pour moi Rose, je m'accroche à la guérison d'Arthur. Je n'ai peut-être pas réussi à

accoucher par les voies normales mais la vie va m'aider à lui accorder une renaissance. Je commence à prier Dieu, avec un manque d'assurance au départ puis avec de plus en plus de conviction.

Le destin vient bientôt à mon secours, à mon anniversaire, ma sœur m'offre un petit livre « Le jeu de la vie » que je dévore et qui me permet de structurer ma pensée de façon positive. Je découvre que c'est à nous de mettre en action notre pensée. Il faut croire fermement à ce que nous disons et accompagner notre propos d'une véritable image de guérison, exercice nouveau qui m'amène à développer ou canaliser une énergie dans un but bien précis. Je passe des jours et des heures à répéter quelques textes, tant pis pour les cartésiens, cela me donne un axe, affirme ma confiance.

- Quels textes avez-vous choisi Laura ?
- Je vous en cite un de mémoire :

« L'énergie d'Amour de l'univers désagrège et dissipe tout état discordant dans le corps, le cœur et l'esprit de mon fils. L'énergie d'amour est le plus puissant chimiste de l'univers et dissout tout ce qui n'est pas elle-même. Elle est pure Amour donc l'expression de la parfaite santé, de la parfaite union. Mon fils est dès à présent régénéré et parfaitement guéri ».

Je vais la réciter, la chantonner, la crier, la dire sans cesse avant de m'endormir, en pleurant, en riant, sur la route, à l'hôpital, en faisant tous les gestes de la vie quotidienne. Je la partage avec mes enfants. Cela provoque en moi de l'assurance, de la détermination. Je visualise mon enfant guéri. Mon fils s'accroche à la locomotive, me fait confiance. Je me réveille et trouve l'énergie pour tirer les wagonnets.

Malgré les souffrances, il va encaisser les chimiothérapies. On s'amuse à l'hôpital, on joue aux petits chevaux, aux cartes, cela résonne dans le service et fait du bien aux aides-soignantes. Ses copains, sa petite amie sont présents, l'entourent de leur affection. Mon ex-compagnon prend des nouvelles régulièrement. Du côté de Yann, c'est plus compliqué, il a tourné la page, refait sa vie et a un nouvel enfant. Il travaille beaucoup et n'a guère le temps de venir. Un jour il me dit une chose terrible car je ne peux pas me rendre à l'hôpital et lui demande de venir près de son fils.

- Tu peux bien le laisser seul un jour ou deux, il n'en mourra pas !

Je prends une grande claque dans la figure. Mon cœur se serre, je crois qu'il se protège et me fait payer, *nous* fait payer tout ce qui s'est passé avant. Cependant, qu'il me mette aux oubliettes est une chose mais qu'il laisse tomber son fils en est une autre. Je suis désolée car ce sont ses enfants autant que les miens et chacun a un devoir de responsabilité, ne mélangeons pas tout ! J'ai l'impression qu'il s'est barricadé et ne veut plus souffrir. Je suis certainement exigeante et je ne fais pas dans le détail car il a une nouvelle vie de couple, un travail prenant et des enfants. Je nous sens encore plus abandonnés, je ne peux pas m'empêcher de me culpabiliser et de me reprocher la situation.
Donc je vais faire encore plus d'allers retours, 230 kilomètres par jour. Pas question de laisser mon fils seul !

- Je souffre, Rose, c'est comme s'il me reniait en tant que mère d'Arthur et de Gwendoline. Je lui ai fait vivre des moments difficiles mais la vie de sa progéniture est en jeu ! Face au monde médical, j'ai besoin de soutien et de pouvoir parler avec lui sur les meilleures décisions à prendre pour notre enfant. Mais je suis seule - c'est ce que je vis à cette période, un sentiment d'abandon et un grand moment de solitude. Je les ai bien faits avec lui mes enfants, dans mon souvenir, je ne me suis pas faite inséminer ! Je suis en colère Rose, désolée !
- Mais votre colère est justifiée Laura, répond Rose.
- Heureusement, la petite amie d'Arthur est très présente et la bande de copains aussi. Cela rend les choses plus légères, tout le monde descend

dehors, cloper, échanger, rire, chacun fait la gazette de la fac, des profs, des petits moments de la vie. Arthur rit, câline sa chérie et alors les moments durs s'estompent. Dans le service, la chambre est réputée pour son optimisme et sa bonne humeur.

Les séances de pleurs et d'angoisse se passent dans ma voiture, je relâche la pression et déverse le trop plein. En pleine nuit sous la pluie, j'ai l'impression parfois que quelqu'un conduit à ma place, je ne le crie pas sur les toits car je risque vraiment de passer pour une allumée. Une fois arrivée à la maison, le sourire revient lorsque je vois Gwenn. Nous mangeons ensemble et parlons un peu de tout cela. J'en garde une bonne partie, inutile de rendre tout triste, mais ma fille est très intuitive donc elle finit par comprendre.

Lorsque mon fils sort de ses aplasies, nous allons nous balader tous les deux en ville et quand elle le peut, Gwenn se joint à nous. Nous faisons les boutiques et, de temps en temps, nous nous offrons un petit restaurant. C'est un besoin vital pour, d'une part, nous changer les idées et d'autre part, oublier le monde médical. Je suis fière d'Arthur et je lui montre en prenant son bras. Même s'il n'a plus ni cheveux ni cils ni sourcils, il est un être humain à part entière et ne doit pas avoir honte. Ce n'est pas parce qu'on subit une chimiothérapie qu'on est différent du reste de l'humanité. Ce qui arrive à Arthur peut arriver à chacun de nous.

La ronde des injections recommence. Mon fils rentre à la maison après une chimiothérapie particulièrement dosée. Au bout de quatre jours, je dois le ramener à l'hôpital, il a plus de 40°C de fièvre et la température continue à monter. Je conduis encore la voiture prêtée par ma sœur et sans m'en rendre compte l'aiguille atteint cent cinquante kilomètres de moyenne. Deux motards m'arrêtent pour excès de vitesse. J'explique ce qui se passe en m'excusant. Quelle chance car celui qui m'écoute nous laisse repartir sans me verbaliser, après un sermon de prudence et un regard de compassion vers mon fils. La preuve que l'humanité se trouve partout, je le remercie encore, ça n'était pas le moment de me retrouver sans permis ! Nous faisons un drôle de tableau, mon fils, la tête rouge, couchée sur l'oreiller et moi le visage pâle avec les mains crispées sur le volant.

Arrivé dans le service d'hématologie, Arthur est installé dans une chambre avec un homme beaucoup plus âgé qui doit subir une allogreffe, un des traitements les plus durs : on bombarde le corps de chimio, on fait chuter les globules blancs et les plaquettes pratiquement à zéro. La personne est conduite en chambre stérile juste avant le stade ultime, le but étant de faire repartir la moelle osseuse du sang avec celle compatible de quelqu'un de proche. C'est quitte ou double. Les médecins m'ont prévenu qu'Arthur est susceptible de recevoir une autogreffe ou une allogreffe. C'est un traitement très lourd car l'immunité de la personne est complètement réduite à néant. C'est terrifiant de savoir votre enfant enfermé jour et nuit dans une chambre stérile sans aucun contact tactile. En clair plus de bisous, ni de câlins maternels. Observer l'affaiblissement de son enfant et prier en espérant qu'il s'en sorte sans devenir stérile, est une épreuve terrible. Même si, grâce à ce protocole, un certain nombre de personnes voit leur moelle osseuse repartir sainement, cela ne vous rassure pas du tout. Dans mon cœur, je refuse ! Je ne sais pas pourquoi mais je sens le danger.

Son voisin de lit complètement angoissé parle beaucoup. En revanche, Arthur ne peut ni parler ni guère bouger, la fièvre continue de monter, 41°C, tout son corps est brûlant. Si la situation empire, le staff médical prévoit de le mettre en chambre stérile. Ce soir-là avec ses deux mains il me dessine un cœur.

- Oh Rose, le mien reste suspendu ! Il peut bien mesurer un mètre quatre-vingts, il n'en reste pas moins mon enfant. Je l'aime tellement et je donnerais n'importe quoi pour que cette foutue température baisse. Je prie et demande grâce. Le babillage de son voisin commence à me prendre le chou, je comprends son angoisse mais mon fils a besoin de calme. Je pars à la recherche du médecin de garde. Il est déjà vingt et une heures. Par chance, je trouve celui que j'apprécie le moins. Nous avons déjà eu une altercation quelques temps auparavant. Il m'a dit ceci :

- Nous allons certainement avoir besoin de pratiquer une autogreffe ou une allogreffe à votre fils. A-t-il un frère ou une sœur qui peut venir faire le test de comparaison des moelles osseuses ?
- Vous êtes sûr qu'il en a besoin, que les séances de chimiothérapie telles qu'elles sont prescrites ne suffisent pas ?
- Madame, je crois que vous ne vous vous rendez pas compte de la gravité du lymphome de votre fils (ben voyons je suis une irresponsable !).
- Pensez-vous qu'il va s'en sortir ?
- Je ne peux pas me prononcer.
- Comment a-t-il pu attraper un tel cancer ?
- Une mauvaise alimentation par exemple avec des organismes génétiquement modifiés, le nuage de Tchernobyl, nous ne savons pas trop…

Et là, prends cela dans ta jolie petite tête. Tu as toujours bien nourri ta progéniture, nous avons vécu à la campagne, là tu fais deux cent cinquante kilomètres par jour, tu te démènes comme une folle et en plus on t'assène que tu es à côté de la plaque, bonjour le réconfort. Donc celui-là, je l'ai dans mes mirettes, nous n'allons pas être copains lui et moi. Je me dis que je vais encore plus prier et demander qu'Arthur n'ait pas à subir ces lourds traitements, je suis sûre qu'il y a une autre solution.

Ce soir-là, je me retrouve face à « mon grand ami médecin» qui est seul dans la salle de repos. Le cœur tremblant, je rentre et lui explique la situation en disant de manière ferme que c'est inadmissible que mon fils, vu son état, soit à côté de ce monsieur. Je vais m'apercevoir, le lendemain que ma demande a bien été prise en considération car mon fils a changé de chambre.

Pour l'heure la fièvre est stationnaire et je décide de rentrer. Tout en roulant je me culpabilise. Je me dis que j'aurais mieux fait de rester mais Gwenn a aussi besoin de ma présence, c'est encore une adolescente. Arrivée à la maison j'explique à ma fille que les médecins souhaitent qu'elle fasse le test de la moelle osseuse. Elle répond oui immédiatement, prête à aider son frère. Un peu difficile de manger ce soir-là, il est tard mais je suis sans cesse aux aguets près du téléphone, prête à repartir au cas où.

Je commence à comprendre ce que c'est de prier. J'y mets toute mon énergie et je demande grâce pour qu'Arthur ne subisse pas les plus gros traitements, je demande grâce aussi pour que la moelle de ma fille ne soit pas compatible avec la sienne. Si leurs moelles sont compatibles, il subira une allogreffe et sera stérile à vie alors qu'il vient juste d'avoir dix-huit ans. Cela peut me faire passer pour une inconsciente, mais je m'en fiche complètement. Je vois bien déjà comment les chimiothérapies sont fortes alors j'imagine le reste. Que ceux qui n'ont pas vécu ces instants terribles déversent leurs critiques, cela m'est égal. Il y a un autre chemin, celui de l'amour, de la confiance, de la gratitude.

Cette nuit-là, impossible de dormir, une barre lancinante au niveau du plexus m'empêche de m'allonger. Les heures s'écoulent, je n'en peux plus et appelle SOS Médecins. On me répond gentiment que cela va passer, en me conseillant de boire un verre de lait ! Ben voyons, mon fils d'un mètre quatre-vingts fait ses dents, la petite maman ne doit pas s'en faire. Je traduis, débrouille-toi toute seule, on ne te prend pas au sérieux. Alors, à bout de fatigue, je prends mon petit magnétophone et je mets une chanson de la Compagnie Créole « Simone ». Je me berce des dizaines de fois en l'écoutant et le sommeil vient. Merci à eux car ils ont écrit une chanson tendre, douce, et réconfortante.

Au réveil, j'apprends une bonne nouvelle, la température a baissé, il va mieux. Merci, Merci, Merci pour lui et pour nous. Le moral remonte.

Quelques jours après, j'emmène Gwenn faire le test des moelles à Rennes. Je la trouve courageuse, Rose. Les médecins l'ont installée sur un fauteuil. D'un côté on lui prélève son sang sur un bras, il passe dans une sorte de centrifugeuse et de l'autre côté on lui réinjecte. Exercice délicat, fatiguant et long pour ma petite chérie encore toute jeune. Elle tient bon pour soutenir son frère. Moi par contre j'espère de tout cœur que les moelles osseuses ne soient pas compatibles.

A ce stade Dieu, la source de Vie de toute chose, la Grande Puissance d'Amour de l'Univers et moi commençons à aller dans le même sens ! Je demande du plus profond de mon âme la guérison de mon fils, sans ces lourds traitements mettant sa vie et sa possibilité de procréer en danger. Nous sommes entendus, Rose. Le résultat arrive et montre qu'il n'y a pas de compatibilité entre leurs moelles. Ouf, il peut guérir sans cela, c'est mon médecin « adoré » qui me l'annonce. En apparence mon air est des plus sérieux mais mon cœur exulte. Finalement, ce grand Amour de l'Univers est bien présent en chacun de nous et nous y avons un accès illimité, sept jours sur sept, tous services confondus ! Je ne sais pas trop bien le pourquoi du comment, mais cela est.

- Peut-être Rose, que pour le commun des mortels, je parais totalement irréaliste mais au plus profond de moi, je sens l'appel d'autre chose. Je ne sais pas très bien comment le définir. En dehors du monde terrestre concret, il y a un lien d'amour qui nous unit à Dieu et pulse à travers chacun de nous. Mon fils me dit un jour de façon naturelle que c'est une connexion subtile qui ne se trouve pas en dehors mais au dedans. C'est une évidence pour lui. Il n'y a pas vraiment de mode d'emploi mais le fait d'accepter, de s'écouter et de remercier est un premier pas sur le chemin, et, contrairement à ce que nous croyons, nous sommes soutenus en permanence. C'est quelque chose d'indéfinissable mais bien réel, nous faisons partie d'un Tout.

Tout en sirotant un deuxième café, Rose et moi regardons la nuit venir à petit pas. Nos joues sont rosies par la chaleur du poêle à bois. Je me sens bien dans cet endroit, surtout en voyant le visage rayonnant de Rose. Nous échangeons encore un moment puis vient le temps de la séparation. Une fois de plus, le chemin du retour est léger, très léger.

CHAPITRE 10

Ce matin en arrivant près de la mer, la lumière resplendit. Toute la surface des flots est irisée comme de la nacre. Dessous, en transparence, une couleur verte légèrement métallique apparaît. Cette harmonie de nacre et de métal est saisissante et m'électrise. Je sens une joie profonde m'envahir. Un rapide coup d'œil et la vue de mon petit casque argenté préféré me met en allégresse.

- Rose, bonjour, quelle mer magnifique ce matin ! j'ai toujours hâte de vous revoir dis-je en m'asseyant sur notre banc.
- Bonjour, Laura, j'admire le paysage en vous attendant. C'est d'une telle beauté que j'oublie tout. Je vis l'instant. Je suis prête à écouter la suite de votre histoire et un peu impatiente ! dit-elle en souriant.
- Où en étais-je ? Ah, oui, un temps d'apaisement arrive.
  Début mars, Arthur refait un nouveau scanner, surprise, le résultat est bon, le Professeur nous annonce qu'il est en rémission. Dans le jargon médical où, en tout cas le peu que j'en sais, son lymphome ne s'aggrave plus et son corps commence à reprendre le dessus. Notre joie familiale est quelque peu ternie par le conseil du professeur qui tient à ce qu'il fasse ses cinq autres chimiothérapies.
- Il ne faut prendre aucun risque nous dit-il.

La ronde des séances reprend donc mais mon fils prend conscience que c'est à lui de choisir de guérir complètement et commence à prier à sa façon. Il prend le relais et amplifie la chose. Il parle à son corps et je l'encourage. La route vers la guérison se dessine mais le chemin n'est pas encore terminé.

Par ailleurs, j'ai rendu son véhicule à ma sœur. Un après-midi, alors que nous roulons vers Rennes, toutes les deux, elle se tourne vers moi et commence à m'apostropher.

- Secoue-toi, tu as vu la tête que tu as. Prends soin de toi, va voir un médecin.

Je comprends qu'elle se fasse du souci pour moi, mais là, toute mon énergie est tournée vers mon fils et sa guérison, le reste m'importe peu. Il y a tant d'angoisses refoulées en moi et je ne sais pas comment les communiquer. J'ai juste besoin de tendresse et de compréhension. Je n'ai pas l'énergie pour discuter avec elle et surtout je n'ai aucune envie de me justifier. Elle m'a déjà beaucoup aidée et soutenue. Comment lui dire que j'ai juste besoin d'une épaule compatissante ? Je n'ai qu'elle comme famille et mon vieux sentiment d'abandon refait surface.

Les critiques, Rose, j'en reçois déjà assez : pourquoi a-t-elle arrêté de travailler, c'est irresponsable dans sa situation. Les gens se posent des questions et me jugent. A moi de leur dire, je souhaite de tout cœur qu'une telle épreuve ne vous arrive jamais. Que feriez-vous dans ce cas-là ?

Au moins, près de mon fils, il y a son groupe d'amis qui, eux, ne sont pas dans le jugement perpétuel et adoucissent notre quotidien. On se raccroche à ce qui est. J'emmène avec moi mon stock de produits naturels, visiblement, le résultat est probant, « Saint-Louis » ne s'est pas trompé ! Les infirmières remarquent bien sûr le manège et me font comprendre qu'il serait plus judicieux de cacher tous ces compléments alimentaires pour éviter de s'exposer à la désapprobation des médecins. Je laisse juste à Arthur la quantité nécessaire et j'assure le réapprovisionnement régulièrement.

Il est temps pour moi de reprendre le travail car cela fait cinq mois que je suis arrêtée, n'oublions pas pour « syndrome dépressif » ! C'est terrible, le fait de ne pas voir mon fils régulièrement me serre le cœur même si je sais que ses amis sont autour de lui. En plus, à chaque fois que le téléphone sonne, je sursaute et mon pouls s'accélère, j'ai peur que l'hôpital m'appelle en urgence. Je remercie mon chef de l'époque parce je travaille plutôt à mi-temps, je n'arrive pas à me concentrer et mes résultats sont médiocres. En revanche, le fait de parler avec mes clients m'apporte du réconfort.

Gwenn et moi nous nous serrons les coudes et unissons nos forces. Comment vit-elle tous ces chamboulements ? Elle est discrète et pudique sur ses émotions et ne s'exprime pas suffisamment. Ce doit être très dur pour elle de voir son frère dans une telle situation. La guérison de mon fils prend tout l'espace et je ne m'occupe certainement pas assez d'elle. Comment faire car notre vie à trois n'arrange rien ? Il nous faudrait une personne relais, un autre soutien.

A la mi-avril, après une nouvelle aplasie, Arthur est de retour à la maison. Il effectue une prise de sang et là, bizarre, ses lymphocytes se mettent à grimper, ses plaquettes chutent ! Heureusement, mon amie infirmière libérale est présente sans cesse à mes côtés, elle me fait remarquer qu'il doit y avoir une infection quelque part et que la chose est anormale. J'appelle le service d'hématologie à Rennes. Arthur est convoqué pour une transfusion sanguine. Nous repartons pour l'hôpital. Je remarque pendant la transfusion que mon fils se met à trembler de manière convulsive. L'infirmière me dit que c'est normal vu son état de faiblesse. De retour à la maison cela empire, la fièvre monte, certains taux chutent à nouveau et d'autres grimpent. J'appelle le professeur qui me répond qu'Arthur doit être hospitalisé immédiatement. Là-bas, nouvelle transfusion et même manège, le corps de mon fils se met à trembler. J'appelle l'infirmière et lui fais remarquer.

- Ecoutez cela fait deux fois qu'il est transfusé et il se met à trembler à chaque fois, ça n'est pas normal (pensant à ce que m'a dit mon amie infirmière), n'y a-t-il pas une infection quelque part ?

Alerte rouge, le médecin est informé, prise de sang au cathéter et recherche immédiate, le résultat est terrible : streptocoque, vingt et un jours d'antibiotiques corsés ! Je m'écroule intérieurement mais sans le montrer car c'est mon fils qui souffre. Ils ferment le cathéter avant de lui enlever. Plusieurs infirmières se relaient pour essayer de lui piquer les veines abimées par toutes les prises de sang à répétition. On doit le transfuser rapidement et lui injecter un antibiotique puissant pour lutter contre le streptocoque. Pendant la préparation, nous sommes obligés de quitter la chambre et à notre retour je vois mon fils craquer et pleurer. C'est terrible, je me sens impuissante, je ne sais pas quoi faire de plus. Nous avons beau faire, quel que soit l'âge de nos enfants nous avons ce besoin de les serrer, de les protéger, un instinct maternel venu de loin. Même avec sa grande taille, Arthur reste mon petit et je suis incapable de soulager ses souffrances. J'en ai ras le bol !

A me remémorer ces instants, je sanglote.

- C'est quoi être une bonne mère, Rose ? Que faut-il dans le cœur d'une mère à ce moment-là pour continuer à y croire, tenir bon ? La force d'un Amour plus puissant ? C'est terrible cette projection d'impuissance lorsque un être cher est en danger.

Je sens la main de Rose dans la mienne, sa voix fredonne une mélodie douce et réconfortante. Les sons, tels de petites baguettes magiques touchent chaque partie de mon être et lui redonne vie et joie. Ce havre d'amour et de paix qu'elle est, accueille mon âme perdue et déroutée par les épreuves. Je prends sa main et je la serre de toutes mes forces.

- Merci, Rose (je retrouve mon souffle), vous savez, je m'accroche, le corps tendu comme un arc, j'essaie de tenir bon, de l'aider à guérir pleinement ou du moins, de faire tout ce qui est en mon possible. Les amis d'Arthur, sa sœur et la petite copine de mon fils sont là pour le soutenir, l'hôpital est notre QG, véritable cellule de crise et de réconfort à la fois.

On en remet une couche à Arthur, treizième ponction lombaire qui lui fait très mal. A force de lui envoyer de la chimio dans le cerveau, il ne va plus rien lui rester ! A ma demande, je suis reçue par le professeur du service que j'apprécie énormément. Sa réponse est délicate lorsque je lui exprime mes interrogations.

- Il y avait bien quelque chose d'anormal, Professeur. Vous aviez vu ses résultats d'analyse, pourquoi ne pas m'avoir appelé ?
- Nous voulions vous éviter d'ajouter des kilomètres à ceux que vous faites déjà.
- Je préfère les faire et savoir mon fils en sécurité.
- Ce genre d'incident arrive parfois, même si toutes les précautions d'hygiène sont prises.
- Est-ce qu'il va s'en sortir ? D'après vos propos, ça a l'air grave.
- Nous devrions y arriver normalement avec la dose d'antibiotique administrée, mais nous allons rester vigilants.

Je ne peux pas dire que je suis totalement rassurée mais je prie à nouveau, encore plus et je remercie pour sa guérison. A plusieurs reprises, le professeur m'affirme que mon fils possède une vitalité remarquable.
En effet, le corps d'Arthur pulvérise le streptocoque, une épreuve de plus surmontée. D'un autre côté j'ai l'impression diffuse qu'il me manque un élément, peut-être une clé pour le réconforter, est-il convaincu de sa guérison ? Cette clé, importante pour briser les derniers remparts du doute, arrive par le biais d'une rencontre.

Je suis invitée début mai à une conférence donnée par une femme, Françoise Gérard, qui s'est guérie de son cancer du sein. Malgré ma fatigue une petite voix intérieure me pousse à m'y rendre. Je me trouve

au premier rang et dès qu'elle commence son histoire, je suis « scotchée », il n'y a pas d'autres mots. Cette femme raconte son aventure avec beaucoup de sincérité, d'honnêteté et d'humour et toute la salle est suspendue à ses paroles. Quelle puissance d'amour et de conviction ! On ressent dans sa chair et son âme, le sens du lâcher prise et du simple don d'amour. Arrivée en phase terminale, très proche de la mort, elle parle à son Christ intérieur, pardonne à son père et au moment où elle est prête à mourir, un miracle s'accomplit. Son sein éclaté se referme et très vite, après quelques séances de chimiothérapie, elle guérit. Je suis convaincue que la force de son Amour l'a guérie, sa confiance en Dieu a transcendé sa maladie.
Mon fils doit absolument la rencontrer. Je nous inscris pour partager un moment avec elle le dimanche suivant.

Arthur sort juste de sa chimio, la fatigue se fait sentir mais il tient bon pendant la séance. Lorsque tout le monde est assis, chacun se présente rapidement à Françoise. Lorsque le tour de mon fils arrive, il lui dit simplement :

- Je m'appelle Arthur, j'ai un lymphome et je suis en chimiothérapie !

Je remercie cette femme pour sa finesse car elle reçoit bien le message et, tout en racontant à nouveau son histoire, s'adresse souvent à lui. Il reste quatre heures assis à l'écouter, un exploit ! A la fin, ils échangent leurs adresses pour rester en contact. Sur le chemin du retour, Rose, il me dit ces mots :

- Tu vois maman, depuis le début tu me soutiens et m'affirmes que je vais y arriver et guérir. Mais en entendant Françoise qui s'est guérie, alors je me dis que je peux y arriver. Je ne remets pas en cause ton aide, mais je me trouve face à une personne qui a vécu la même chose et s'en est sortie. Je me dis que tout est possible, je peux guérir aussi !

Merci Dieu, source de vie et d'amour, merci ! Me dis-je en moi-même.

Quel cadeau ! La clé nous a été donnée. Je rends grâce pour cette échange particulier avec cette femme, je lui dis encore aujourd'hui un

grand merci du fond du cœur, cela conforte ma conviction que nous pouvons recevoir de l'aide si nous la demandons. Les rencontres de la vie humaine sont parfois salvatrices ! Je n'oublierai jamais ce moment. A partir de cet instant la guérison s'ancre dans le cœur de mon fils.
Les séances de chimiothérapie arrivent à leur terme. La nouvelle tant attendue et espérée arrive enfin, le dernier scanner confirme la rémission totale et définitive !
Quel instant de joie et de réconfort pour lui et nous tous !

Pour conclure le protocole médical, par précaution, le professeur recommande dix séances de rayons au niveau de la tête, car des cellules se sont infiltrées dans le liquide céphalorachidien. Au début mon fils refuse, il se sent guéri, il en a assez de subir encore et encore. Il a déjà reçu treize ponctions lombaires ! Il demande un temps de réflexion à son médecin qui est surpris par cette réaction et cherche mon approbation. Mais mon fils a repris les rênes de sa vie, « la locomotive » se retire doucement, c'est à lui de décider. Il finit par accepter et une page se tourne enfin.
Je rencontre le professeur une dernière fois et il me dit ces mots simples et amicaux :

- Vous méritez la guérison de votre fils. Vous avez lutté avec lui et votre présence quotidienne l'a sûrement beaucoup aidé. Il revient de loin car le type de lymphome sur des cellules jeunes dont il était atteint était compliqué. Réjouissez-vous maintenant, vous allez pouvoir souffler. Il devra faire un contrôle de surveillance une fois l'an pendant les cinq années suivantes et après nous le laisserons tranquille, me dit-il souriant.

Au fond de moi s'épanouit une profonde gratitude envers la Vie. Cette immense force d'amour m'a maintenu la tête hors de l'eau dans les moments de doute et de peur extrême. Mes prières ont été exaucées. Je me fiche d'être taxée de naïveté et des sourires narquois. Je viens de comprendre que la guérison de mon enfant représente un véritable

parcours de découverte et d'initiation. Je sens bien que nous ne sommes pas seuls dans l'univers. Nous sommes entendus, soutenus, aimés, encore et encore. L'enseignement que je retire de tout cela, est que nos pensées et notre pouvoir de les exprimer sont la base de toute chose. Considérer la guérison uniquement d'un point de vue médical est réducteur. C'est difficile Rose d'expliquer les choses de manière rationnelle. Dans ce cheminement il y a à la fois une grande part d'incertitude et de confiance, c'est un vrai travail de lâcher prise !
Mon fils me l'avait bien dit :

- Ce que tu cherches maman n'est pas à l'extérieur de toi mais à l'intérieur !
  Cela tend à prouver que nous sommes bien les acteurs de nos vies mais à l'intérieur d'une grande unité dont le moteur essentiel est l'Amour. Notre nature humaine nous fait douter perpétuellement, alors visualiser et croire en la guérison de son enfant sans baisser les bras est un long parcours parsemé d'embûches.
- Il se passe quelque chose au tréfonds de mon être, une sorte de bond quantique. Je ne suis plus la même, Rose, je ne peux plus dire cela n'existe pas. Comment relier toutes ces choses entre elles ? Je sens la puissance d'une vraie prière d'amour, elle nourrit un chemin intérieur.

Je la regarde, et surprise, ses yeux sont perlés de larmes.

- C'est juste l'émotion, Laura, votre histoire est touchante. Le rire et les larmes, nous en disposons à profusion alors laissons-les s'exprimer. J'apprécie vraiment l'honnêteté et la lucidité dont vous faites preuve sans omettre l'Essentiel.

La nuit s'installe doucement. Au loin les lumières s'allument les unes après les autres. Etrange phénomène qui illumine l'obscurité. Un peu comme nos âmes qui cherchent le rayon incandescent pour les éclairer. Rose et moi, sans nous le dire, respirons cet instant d'éternité avec le léger clapotis des vagues en musique d'ambiance. Deux femmes assises sur un banc, dans la même complicité tendre, celle du cœur qui reconnaît l'autre comme une part d'elle-même.

Je rentre chez moi en paix, le visage caressé par le souffle léger. Jamais nous ne nous disons au revoir avec Rose, je sais qu'elle m'attend sur notre banc. Pour combien de temps ? Cela a peu d'importance.

Pelotonnée dans mon lit, le sommeil me gagne. Demain sera un autre jour. Merci Père et Mère sacrée unis en Un, lumière de nos vies, merci pour cette rencontre intime et cette compréhension, recevez toute ma gratitude car Rose est une femme merveilleuse. Au moment où mes paupières se ferment, le visage de Rose m'apparaît en image. Le dieu du sommeil me voit entrer dans sa demeure, avec un sourire extatique !

Quatrième partie

CHAPITRE 11

Le lendemain, la vie nous rassemble de nouveau côte à côte face à l'immensité bleue, sur notre banc. Un timide soleil nous réchauffe au centre de l'azur bleu pâle. Un regard accueillant, un échange de sourires affectueux et complices tissent ce cocon de partage et d'attention particulière. Les yeux de Rose scintillent comme un ciel étoilé avec dans leur profondeur, une lumière très particulière. Ils incitent telle une main bienveillante à parler, à se confier. Elle lance les premiers mots comme une note suspendue, attendant le retour du chant.

- Laura, après toutes ces émotions, la vie a repris son cours habituel…
- Oui, Arthur a pris une année pour souffler, se retrouver. Il choisit de s'accorder du temps et d'intégrer une école artistique dans le centre de la France. C'est un endroit magnifique, où il peut à la fois se reposer et suivre les cours à son rythme. Cet éloignement rapide et nécessaire laisse un grand vide dans notre maison, tellement de liens, d'émotions partagées sont encore présents. Il faut repenser la vie de tous les jours, différemment. Nous avons tous trois vraiment besoin de relâcher la pression accumulée, Arthur prend aussi du recul par rapport à la prière, au côté sacré. Je crois qu'il a besoin d'aller vers autre chose. Cette année lui est bénéfique, il découvre et travaille divers matériaux, il réalise de beaux objets. Au bout d'un an, il souhaite partir en Irlande, s'occuper d'enfants handicapés. Un autre choix, une autre vie se prépare pour lui.

  Gwenn passe son bac et décide de partir à l'université de Rennes poursuivre ses études tout en s'inscrivant au conservatoire. Nos rapports ne sont pas toujours simples, est-ce toujours ainsi dans les rapports entre mère/fille ? Je n'ai pas d'exemple concret ayant perdu ma mère jeune. Son père lui verse toujours sa pension alimentaire et de mon côté je fais au mieux pour gérer le quotidien, mais je me rends bien compte que dans son être, elle aspire à autre chose.

Je continue mon travail dans la finance, change de bureau pour me rapprocher de mon domicile. Ma vie me paraît plus douce même si le vide laissé par le départ de mes deux enfants est bien réel.

Petit à petit je découvre un nouvel espace de liberté, le plaisir de partager d'excellents moments de rigolade avec une bande de quatre copines. Que de soirées nous avons passées à admirer les étoiles autour d'un bon repas et d'un verre de vin. Un coin de ma salle à manger nous sert de piste de danse. Par ailleurs, je participe bénévolement à différents spectacles, comme figurante ou accompagnatrice, je m'amuse et enfin surtout je décompresse. Cela me fait beaucoup de bien car le monde du travail dans lequel j'évolue est stressant, tout est basé sur la compétition, le challenge et les rapports de pouvoir. J'ai du mal à y trouver ma place, mais pourtant il faut bien que je gagne ma vie !

L'année suivante, Arthur rentre d'Irlande pour préparer les examens afin de devenir éducateur. Il séjourne un an à la maison et en profite pour passer son permis de conduire également. A la fin de cette période, il réussit son concours d'éducateur et part s'installer dans la ville qu'il a choisie pour son affectation. C'est une nouvelle séparation entre nous. Arthur est satisfait car il a enfin un travail qui correspond à ses souhaits.

De son côté, Gwenn décroche sa licence d'art et poursuit son chemin dans la voie artistique. Mes enfants ne sont plus des adolescents, ils commencent leurs vies d'adulte !

Je crois sincèrement Rose, que je suis un peu déboussolée, je me retrouve seule, libre certes car j'ai du temps à ma disposition mais penser à soi, cela s'apprend. Et le moins que l'on puisse dire, c'est que je ne sais pas comment faire.

L'année suivante, une rencontre affective prend plus de place dans ma vie. Je ne le sais pas encore mais cette rencontre va me permettre de retrouver mon père. Nous ne nous sommes pas revus depuis dix ans, mon père et moi, les rapports avec ma belle-mère n'étant pas au beau fixe. Il ne cherche pas à me rendre visite et moi non plus. Un coup de fil de temps en temps, à peine trois minutes et mon père raccroche. Ses propos envers moi sont souvent maladroits et ne facilitent pas nos rapports. Une difficulté à communiquer existe bel et bien entre nous depuis longtemps. Depuis la mort de ma mère et son remariage, les liens se sont distendus.

Au mois de juillet de cette année-là, j'apprends qu'il est hospitalisé dans un état grave. Au fond de moi je sens que le moment est venu de le revoir. Mon compagnon me soutient et propose de m'accompagner. Quel choc Rose, de retrouver mon père à quatre-vingt ans, dans un état pareil ! Un corps profondément déshydraté, des problèmes pulmonaires, un début d'Alzheimer, il est méconnaissable.

Nous restons trois jours près de lui. Je crois que cela nous fait du bien à tous les deux de nous retrouver. Peu à peu je vois le visage de mon père reprendre une forme humaine et une certaine lucidité. Je l'embrasse en lui disant que je l'aime, je lui donne toute l'affection qu'il m'est possible de lui donner. Je m'aperçois qu'il m'a beaucoup manqué. Peut-être est-ce le fait de le voir enfin vulnérable ? A peine rentrée chez moi je n'ai qu'une envie retourner auprès de lui. La semaine suivante, nous refaisons à nouveau six cents kilomètres pour découvrir la triste réalité. Entre temps l'hôpital a renvoyé mon père chez lui. Mais il a chuté de son canapé, canapé sur lequel il a d'ailleurs séjourné pendant deux jours sans boire ni manger ! Un des voisins a alerté le Samu qui l'a renvoyé à l'hôpital. Sa femme ayant de gros soucis de santé, elle aussi, ne peut plus s'occuper de lui.

Cette fois-ci, j'ai une vraie discussion avec l'équipe médicale. Mon père ne doit plus revenir à son domicile, sinon il mourra. Il doit être placé dans une maison médicalisée, c'est difficile mais nous n'avons pas d'autre choix. Chez lui il se trouve en situation de non-assistance à personne en danger. J'habite trop loin et il m'est impossible d'être là toutes les semaines, ma sœur et mon frère également. J'envisage même de le prendre chez moi mais la vie en décide autrement.

Plusieurs événements se superposent dans les semaines qui suivent :

D'une part, je souhaite évoluer dans ma situation professionnelle et l'opportunité se présente bientôt. Avec deux ou trois collègues d'autres régions de France, nous cherchons à développer un portefeuille auprès d'une clientèle d'indépendants et notre direction commerciale commence à regarder cela d'un œil très attentif. Voyant l'aspect lucratif, société commerciale oblige, un poste est créé pour chaque région. Nous devons passer deux journées de tests à des dates différentes, une en région et l'autre à Paris.

Dans le même laps de temps, je demande un soir à mon compagnon de faire un break, car notre relation bat de l'aile. Il est vrai qu'il ressemble à mon père sous certains angles.

Le lendemain, ma sœur Anne, m'apprend le décès de notre père par téléphone. En apprenant la nouvelle de sa mort, j'ai le cœur serré, nous avons eu si peu de temps pour nous retrouver !

- Cela m'interpelle Rose, ma relation de couple qui se termine et mon père qui meure dans le même temps !

- C'est vrai, cela peut paraître surprenant, Laura, mais peut-être peut-on voir une forme de guérison dans cette page qui se tourne ?
- Vous voulez dire dans cette quête affective vis-à-vis de mon père ?
- Oui, en quelque sorte. Parfois une relation amicale ou amoureuse nous permet de mettre en lumière des émotions refoulées.
- C'est très juste ! Car en revoyant mon père et surtout en exprimant mes sentiments à son égard, quelque chose s'est libéré dans mon coeur. C'est bizarre de dire cela mais la relation avec mon compagnon n'avait plus de sens.
- Ma petite Laura, lors d'une rencontre amoureuse ou autre, nous ne voyons que le sommet de l'iceberg. Toute la partie émotionnelle subtile et invisible nous échappe dans un premier temps!
- Pourquoi ?
- C'est nécessaire car sans cette « invisibilité » la compréhension et ensuite la guérison seraient impossibles.
- Alors nous devons d'abord souffrir pour pouvoir comprendre !
- La souffrance n'est pas systématique. Tout dépend de l'état de notre conscience et de l'usage que nous faisons du libre-arbitre qui nous a été accordé. Tout est une question de choix. Chacun vit son chemin à son rythme.

Le silence s'installe entre nous comme si Rose me laissait le temps d'intégrer ce qu'elle vient de me dire. Puis elle se tourne vers moi et son regard m'invite à poursuivre mon récit.

- De très bonne heure, le jour suivant, nous partons organiser les funérailles avec ma sœur. Notre père est installé sur une sorte de stèle dans un salon funéraire. Une fois seule avec lui, je lui parle, je lui dis à nouveau que je lui pardonne et lui souhaite bonne route. Mon corps garde peut-être encore des mémoires de souffrance mais mon cœur lui, pardonne. C'est le plus important à mes yeux.

Enfin c'est ce que je crois, Rose, l'esprit pur de notre cœur suit son chemin, il pardonne et nous ouvre la porte vers d'autres horizons. C'est exactement ce que vous venez de m'expliquer. Mais notre corps lui, peine à évacuer les cristallisations dues à des années d'incompréhension et de souffrance. Cela me fait penser au ciel et à la terre, l'un peut changer de couleur et d'état très rapidement alors que la terre a besoin de temps pour décomposer, digérer et ensemencer le futur. Comment accorder ces deux espaces, créer un vrai pont de réconciliation ?

- A nouveau, Laura, quelle jolie métaphore et très juste !
- A peine mon père enterré, de retour à mon domicile, je pars à Paris passer les tests pour évoluer professionnellement. Je réussis mais la situation se complique car les relations avec mon chef de région sont loin d'être correctes et honnêtes. Il souhaite nommer quelqu'un d'autre à ce poste alors qu'il me l'avait promis. Par chance, la direction commerciale me soutient et l'oblige à me faire passer l'autre partie des épreuves. Un vrai parcours du combattant ! A l'issue favorable des résultats, je dois m'expatrier, quitter la Bretagne que j'aime tant ! Je suis mutée dans l'Est. J'aurai dû prendre mes fonctions à Nantes, lieu où habite ma fille, je me réjouissais à l'idée que nous soyons plus proches l'une de l'autre. Je n'ai pas le choix, je mérite d'évoluer alors je prends la décision de partir. Mais quitter un lieu que j'aime, mes enfants, mes amis, est une véritable épreuve.

- Vous vous rendez compte Rose, je prends mon poste dans la ville où mon père vient de mourir il y a deux mois à peine ! Qu'est-ce qu'il y a à comprendre derrière tout cela ? Peut-être rien, après tout. Pas le temps de m'apitoyer sur mon sort, derrière cette nomination, il y a des années d'efforts et de persévérance. Mais toujours devoir partir, prouver quelque chose, quoi d'ailleurs ? Je me le demande. Une sorte d'instabilité chronique ? Une forme d'errance ?

Je prends mes fonctions en plein hiver et je me revois dans ma chambre d'hôtel, seule, regardant la neige tomber. Drôle de vie que celle qui vous sépare de ceux que vous aimez et vous rapproche de ceux qui sont partis ! Cette ville me rappelle des moments difficiles mais mon travail de développement est gigantesque. Je dois faire mes preuves et je me démène, un peu trop d'ailleurs, toujours ce besoin de me dépasser et d'affirmer ma personnalité. Ce que j'apprécie le plus, ce sont les rencontres humaines qui jalonnent mes journées. Dans l'échange avec l'autre, je prends énormément de plaisir, je crois qu'effectuer un travail sans cette dimension me semble impossible sur le long terme.

La vie m'apporte à nouveau son soutien par l'intermédiaire d'une amie habitant Paris. Nous nous sommes rencontrées lors d'un weekend à Saint-Malo, deux ans auparavant et notre sympathie a été instantanée. Cette amie se révèle une véritable ressource, elle m'héberge et m'apporte beaucoup d'amour les weekends de solitude. Lors de mon déménagement nous prenons plaisir à coudre, décorer, arranger mon lieu de vie. J'apprécie sa compagnie et surtout nos longues heures de papotage au petit-déjeuner. Je me lie également d'amitié avec ma voisine, Mariette, une charmante dame de quatre-vingt ans, et ses filles.

Pour les fêtes de Noël, je retourne en Bretagne, n'ayant qu'une idée en tête, revenir m'y installer dès que je le pourrais. Je me sens si loin de ma famille. Bien sûr mes enfants, mes amies viennent me rendre visite et nous apprécions ces moments de part et d'autre mais l'éloignement me pèse de plus en plus.

L'été suivant mon installation, mon corps regimbe, douleurs lombaires, fatigue, trop de kilomètres parcourus sans doute, le dosage de mon investissement professionnel n'étant pas mon fort. Heureusement les vacances arrivent, je peux enfin me reposer mais je ressens une sorte

de vague à l'âme. Un soir, en regardant un film triste en boucle, ma peine longtemps réprimée se libère soudain. Des flots de larmes contenues se déversent. Des pensées me reviennent, la mort de mon père, la rupture affective, l'éloignement, un sentiment de lassitude de devoir toujours prouver sa valeur. La besace pleine se perce.
A la fin du mois, je reprends le travail avec une bonne crise d'asthme ! J'arrête de fumer mais je me dis que j'y suis allée peut-être un peu fort dans l'expression de ma peine.

Les mois s'écoulent et la vie suit son cours, mes résultats professionnels sont satisfaisants et je relâche un peu la pression. Pour la première fois, mes moyens me le permettant, je peux embellir et arranger mon espace à ma guise. Avoir un lieu dans lequel j'ai plaisir à rentrer et me ressourcer me ravit. Je fais des rencontres et me lie d'amitié avec un médecin. Nous piquons des crises de fou-rire et partageons notre solitude, nous discutons beaucoup et cela nous fait du bien.

Mais une nuit, je ne sais plus la date exactement, je fais un rêve.

...Mon fils vient m'annoncer la mort de sa sœur. Je sursaute et je me réveille le cœur palpitant...

Je prie pour m'apaiser, mon angoisse est terrible, quelle signification se cache derrière ces images ? Que faire, comment agir ? Comment faire pour conjurer cette vision et sauver ma fille ?

A l'évocation de ce souvenir, tout mon corps se crispe, Rose prend ma main et la serre dans la sienne. Elle sait et elle sent. Il me faut rassembler mes énergies pour raconter. Mon corps peine à expulser cette ultime épreuve et mon regard se tourne vers la mer. Elle continue son va et vient, sa lisière ourlée d'écume blanche s'enroule sur la grève. Elle patiente et m'écoute, elle aussi. Je me dis que c'est un peu notre grande mère à tous.

CHAPITRE 12

Puis les mots viennent et la narration reprend.

- Un mois après mon rêve, je me couche normalement, éteignant mon téléphone fixe et mon portable. Je ne sens rien de particulier ou alors je ne m'en souviens plus. Toujours est-il qu'à mon réveil en rallumant mon téléphone, j'ai plusieurs messages. Une amie de ma fille, vers une heure du matin, un autre de l'hôpital à neuf heures, m'annonçant que vers onze heures du soir, Gwenn a été renversée par une voiture et est très grièvement blessée. Un automobiliste l'a percutée devant le théâtre où elle joue d'habitude. Elle est en vie, enfermée dans une coque car les médecins pensent que sa colonne vertébrale est touchée.

Quel sentiment peut éprouver n'importe quelle mère à cet instant ? Un vent glacial me parcourt le corps, une tétanie musculaire, une envie de hurler qui ne sort pas. ENCORE, ENCORE, pourquoi est-ce que la vie ne nous fiche pas la paix ? Dois-je encore payer pour quelque chose, dois-je servir à quelque chose, quelle est la part de sacrifice qui m'est encore demandée ? Mon être est en colère Rose à ce moment-là. Ma fille allait-elle mal ? N'ai-je pas vu ou compris certaines choses ? Le film dans ma tête s'accélère et mes palpitations avec. Pourquoi m'envoyer un rêve pour me prévenir sans pouvoir agir sur les événements ?

Mais une fois de plus, je n'ai pas le temps de souffler, de crier ma douleur, ma fille a besoin de moi. J'appelle l'hôpital et j'entends les explications qui me manquent : lors du choc qui a dû être violent, elle a voltigé sur plusieurs mètres, alors que la circulation à cet endroit est normalement à 50 km/h ! Le résultat c'est que deux de ses vertèbres sont fracturées, ses deux genoux sont en mauvais état, ajoutez à cela un trauma crânien et une plaie du scalp.

- Vous êtes sûre qu'il n'y a rien d'autre !

Même si l'infirmière fait preuve de beaucoup de tact, vous passez tout d'un coup de la taille 40 à la taille 32 sans régime, il n'y a plus beaucoup d'espace pour respirer. La seule chose que vous entendez c'est que votre enfant est en vie, bien fracassé mais en vie.

- Et là, Rose, je repense à mon rêve et je me retrouve face à l'inévitable ! D'un côté j'en veux à la vie de l'avoir fracassée autant et de l'autre je la remercie qu'elle soit sauvée. Pourra-t-elle remarcher ? Ma fille ne va jamais accepter de ne plus pouvoir marcher. Mon Dieu, fais quelque chose !

Mon fils me téléphone dans l'après-midi du dimanche. Il a immédiatement compris que la situation va s'avérer un peu compliquée à gérer du fait de ma position professionnelle et de l'éloignement.

- Prends ton temps maman, je suis là, me dit-il. Je vais à l'hôpital cet après-midi pour la voir et je te donne des nouvelles, ne t'inquiète pas inutilement.

Quel choc pour lui, et en plus il est tout seul sur place ! Il prend la place de l'homme dans notre trio depuis mon divorce avec leur père.

Le soir, Arthur me fait le point sur la situation.

- Bon, maman, je l'ai vue. Gwenn va bien, elle est bien consciente en tout cas. Elle râle parce qu'elle est bloquée dans sa coque (le terme râler me fait sourire). Ils l'opèrent demain.

Je lui explique que je vais liquider ce qu'il me reste de vacances et que j'arrive au plus tôt.

- Prends ton temps, me répète-t-il (il me connaît et sait que je bous intérieurement), elle est entre de bonnes mains, il vaut mieux que tu puisses rester plus longtemps, une fois arrivée.

Le lendemain matin, très tôt, je mets mon patron au courant et lui demande de pouvoir partir le plus rapidement possible. Nous sommes lundi et mon agenda est blindé de formations, réunions, accompagnements sur le terrain. Je passe la matinée à appeler, à décommander, à réorganiser. Je n'ai qu'une obsession, serrer ma fille dans mes bras et l'aider à sortir de cet enfer.

Je rentre à mon domicile. Malgré la distance et l'envie urgente d'être près de Gwenn, j'ai besoin d'être seule face à Dieu pour qu'il soutienne ma fille pendant cette épreuve. Je sais qu'un rendez-vous d'une nature particulière m'attend.

L'opération de ma fille est prévue l'après-midi. Le staff médical ne sait pas encore si elle pourra remarcher, ils vont découvrir l'état réel de sa colonne vertébrale et voir ce qu'il leur est possible de faire. J'ai ma fille cinq minutes au téléphone, c'est un vrai moment de réconfort mutuel :

- Je vais bien maman (c'est le chat qui se mord la queue vu l'état où elle se trouve !), j'ai hâte qu'ils m'opèrent, je t'aime.
- Je vais appeler tes anges ma chérie pour qu'ils nous aident. Je suis avec toi, je t'aime très fort.

Alors, sans trop me poser de question, je m'installe dans ma cuisine et j'allume de grandes bougies bleues sur le linteau de la cheminée. Une pour chacun de ses anges, les messagers de Dieu. Je prie et je remercie. Je demande grâce pour elle, pour que l'opération soit un succès et qu'elle puisse remarcher.

Bientôt, tout mon être se recentre et je ressens à nouveau ce changement de rythme dans le temps, comme si une porte s'ouvrait sur un autre espace.

Tout est paisible, je retrouve l'Espace sacré que je connais, bien que je ne sache pas où il se situe. Je ressens à nouveau l'énergie et l'écoute rassemblées ici et maintenant. Je suis dans un état méditatif

très profond et léger à la fois, une sorte d'attente suspendue. Les heures s'écoulent et la flamme droite et tranquille des bougies me rassure, tout se déroule bien. Dans ces moments de grande vérité, un calme d'une qualité rare s'installe en moi, accompagné d'une puissance créative faite d'Amour et de lâcher prise. Je demande à Dieu qu'il soit les mains du chirurgien, que toutes les parties du corps de ma fille soient réparées.
« Oh ! Dieu, accordes-lui la possibilité de vivre et de marcher normalement. Je ne sais pas pourquoi mon enfant doit subir une telle épreuve et par ce fait, nous, sa famille, aussi mais je te demande Grâce. Toi seul as la réponse dans mon coeur. Une fois de plus, je me soumets à ta volonté, toi qui es pur amour. » Je me sens enveloppée à l'unisson dans une immensité faite de douceur et d'amour. Ma conscience devient Une.
Je me revois dans ma chambre d'hôpital, vingt-deux ans auparavant, avec mon troisième enfant sur une table d'opération, elle n'a que sept jours. J'ai d'abord l'impression que les choses se répètent et puis le sentiment qu'elles sont différentes, ma conscience intérieure s'affirme, je m'en remets à Dieu et il agit en moi. C'est comme si je découvrais un interrupteur et que j'entrevoyais le moyen de l'actionner dans le bon sens. Nous sommes UN, pourquoi ces épreuves de vie nous ramènent-elles vers notre Essentiel ? Quel chemin devons-nous prendre pour entretenir une connexion permanente ? Dieu m'offre son amour et sa puissance, celle de la conscience. Comme un feu ardent intérieur, j'alimente cet amour en permanence et je lâche prise. L'énergie circule à travers moi, la rencontre du pôle positif et négatif, acteurs et récepteurs de la Lumière.
Nous sommes UN.

Quelle leçon d'humilité et de gratitude ! Nous les humains voulons tout diriger, tout contrôler par notre mental alors que cette force est là au fond de nos cœurs, attendant patiemment d'être éveillée, sollicitée, remerciée. Ce sont de merveilleux instants de vie Rose, pour celui qui en fait l'expérience, malgré un contexte tragique. Notre cœur déborde d'amour et notre personnalité s'envole. Nous avons l'impression d'être ce que nous sommes, de contacter notre vraie nature.

Les yeux de Rose, délicatement perlés de larmes, irradient de bonheur. Ce que j'y vois me confirme la pertinence ce que je discerne, une fusion intime de nos êtres dans la Vie Une.

- Dans la soirée j'appelle l'hôpital. L'opération s'est parfaitement déroulée. Une grande tige en fer maintient désormais les vertèbres fracturées de Gwenn, l'appareillage va leur permettre de se ressouder et de cicatriser. Une nouvelle réconfortante, la moelle épinière n'est pas touchée. Je m'écroule en pleurant à chaudes larmes, mes nerfs se relâchent.

  Merci, Merci, Merci, Dieu ou anges, qui que vous soyez Merci ! Elle pourra remarcher. Encore une grâce de plus et mon cœur déborde de remerciement et d'amour.
  Arthur me confirme après avoir vu sa sœur que l'opération s'est bien passée. Nous sommes soulagés. Je lui dis que mon départ est imminent. Il est content de pouvoir être soutenu.

- Alors, Rose, je repense à deux événements qui ont attiré mon attention.
- Lesquels ? me demande-t-elle.
- Le premier se déroule cinq jours environ avant l'accident : mes enfants sont venus me rejoindre le vingt-neuf septembre pour fêter la Saint Michel, instant important de l'année. Il nous met face à nos choix et nos décisions, dépassant le cadre d'une fête religieuse. C'est une sorte de passage, une porte qui s'ouvre sur des possibles. Nous nous retrouvons dans la basilique où a eu lieu ma communion solennelle. Arthur, Gwenn et moi allumons chacun une bougie et nous choisissons un petit espace intime où nous recueillir. Je remarque un prêtre en

habit civil qui semble, à priori, travailler à son homélie. Il vient s'asseoir à mes côtés, deux chaises nous séparent. Tandis qu'il psalmodie à voix basse, un courant frais et doux me traverse de part en part, il se passe quelque chose, je me sens écoutée et rassurée. Peut-être est-ce l'amour de l'archange Mickaël qui m'enveloppe ? En moi il y a une confiance indéfectible dans cette grande force de justice et d'amour, je ne l'imagine pas en tant qu'être mais bien plus en tant qu'énergie lumineuse. En revanche, j'ignore qu'au même instant ma fille prie pour changer de vie, elle en a assez et veut repartir à zéro !
Je comprendrai plus tard à quel point elle souffre à ce moment-là. Gwenn sachant très bien masquer ses émotions, je ne me suis pas rendue compte de son état.

Le deuxième événement se passe au moment de l'accident : heureusement un jeune pompier habitant au-dessus du théâtre, assiste à la scène et descend rapidement lui porter secours. Très vite, il comprend que la colonne vertébrale de Gwenn est touchée, son corps ayant été heurté violemment par la voiture et projeté sur plusieurs mètres. Après quelques secondes de coma, ma fille se réveille et commence à vouloir bouger. Le pompier la bloque au sol dans la bonne position en attendant les secours. Il paraît que Gwenn l'engueule et l'injurie mais il tient bon. Le SAMU arrive et elle est immédiatement mise dans une coque qui l'empêche de bouger.

Mon cœur est plein de gratitude pour cet homme et pour tous ceux qui font ce travail difficile. Que leur dévouement soit reconnu et remercié à sa juste valeur. Je ne peux m'empêcher de penser que grâce à lui, elle a pu remarcher. Si elle avait bougé, sa moelle épinière aurait été sectionnée. Le mystère dans cette histoire c'est que nous n'avons jamais pu remercier cet homme de vive voix. Il n'existait tout bonnement pas ou bien il avait disparu. Personne ne le connaissait ! La réponse est quelque part dans l'univers, c'est un merveilleux cadeau de la Vie.

- J'ai l'impression, Rose, que ces événements ont joué un rôle dans toute cette histoire. Je me dis que sans eux, ma fille serait peut-être morte. Dans sa demande de changer de vie, une seconde chance lui a été accordée ?
- Vous allez enfin retrouver votre fille, Laura ?
- Oui, je prends la route. Mes congés sont soldés, je suis libérée d'un emploi du temps bien chargé. Une fois les bagages posés chez Arthur, je me précipite pour voir Gwenn, hospitalisée à Nantes. J'ai tellement hâte, mes enfants ont beau être majeurs, ils n'en restent pas moins « mes petits bouts de chou ». Un poète, Khalil Gibran, a écrit : « vos enfants ne sont pas vos enfants… ». Certes, pour une âme spirituelle déjà bien avancée mais pour l'instant, je suis une mère comme tant d'autres, la conscience dans les étoiles et les tripes nouées sur la terre ! Nous endossons peut-être un costume pendant notre incarnation terrestre mais je défie n'importe quel parent de voir son enfant dans la plus grande détresse et ne pas redevenir le loup sauvage de la meute ! L'instinct maternel est puissant et protecteur avec ses excès et ses faiblesses, mais ce don, venu du tréfonds de notre animalité, est vital dans une situation pareille.

Gwenn est allongée sur son lit, fatiguée, les traits tirés mais en vie. Elle souffre beaucoup de son opération. C'est insupportable et très douloureux pour elle d'accepter la présence de cette barre de fer dans son dos ! Ses genoux sont tuméfiés, un scalp du crâne est visible, ses genoux sont tuméfiés et son pied droit en piteux état. Je sens en elle une colère qui bouillonne et une grande détresse. Elle ne dit rien. Je me demande ce qui se trame dans sa tête. Elle cache ses états d'âme et surtout se retranche dans son jardin secret. Nous parlons peu cet après-midi-là car un certain nombre de ses connaissances viennent lui rendre visite.

Le soir, je retourne chez mon fils. Après le repas, Arthur s'exprime, il est très éprouvé. Encore une fois, il se retrouve l'homme de la situation. Mon cœur se serre lorsqu'il craque en me disant :

- Maman, que serais-je devenu si ma sœur était morte, je me serais retrouvé tout seul.

Que de souffrance pour lui ! Il était seul aux urgences. De plus il a déjà perdu une petite sœur, sa phrase prend donc tout son sens. Réaction immédiate maternelle intérieure, la culpabilité me submerge mais je le rassure du mieux possible en le serrant contre moi. L'absence de leur père est une épreuve supplémentaire pour eux, ils ont tellement besoin de soutien. Je ressens de la colère face aux circonstances professionnelles qui m'ont obligée à quitter la Bretagne. Si j'avais été mutée à Nantes, Arthur n'aurait pas eu à gérer la situation en premier ! Une fois de plus nos liens se resserrent, nous faisons bloc tous les trois. Une chose est sûre, nous pouvons compter les uns sur les autres. A travers toutes nos épreuves, notre trio fait face.

- J'ai froid Rose. Pouvons-nous aller boire quelque chose ? dis-je.
- Thé ou café, me répond-t-elle ?
- Je veux bien un thé.

D'un pas rapide, nous rejoignons notre petit restaurant qui fait office de bar également. Il est ouvert et sert café, thé, chocolat et bien d'autres choses. Quelle chance, car une brume fraîche et humide s'infiltre sous nos vêtements. Dès la porte franchie, une douce chaleur nous accueille et nos corps se détendent. En sirotant notre thé, nous regardons l'océan, la mer est presque haute et, toujours avec cette énergie puissante, elle ramène ses flots près des rochers.

- C'est impressionnant Rose, cette force des marées qui existe depuis tant d'années, ce va et vient qui ne s'arrête jamais et qui peut tout balayer en un seul sursaut.
- C'est la vie perpétuelle et unique, Laura, mais quelle beauté ! La mer possède un charme et une attraction qui vous fait voyager sans avoir à bouger.

Le ronronnement du poêle nous berce et réchauffe nos corps. C'est si bon. Nous restons un long moment dans notre rêverie partagée.

- Laura, après ces retrouvailles avec Gwendoline, que se passe-t-il ?
- Je me rends tous les jours à l'hôpital et j'en profite pour mettre l'administratif à jour lorsque ses amis viennent lui rendre visite. Quelle pagaille ! De toute urgence, il faut monter son dossier d'arrêt de travail, fournir des papiers, toujours des papiers, lui trouver une mutuelle, préparer tout ce dont elle a besoin pour le quotidien. Je me demande Rose, comment font les personnes seules ? Qui les aide alors qu'elles sont peut-être bloquées à l'hôpital ou chez elles ? Drôle de société qui vous réclame des papiers, encore des papiers alors que vous êtes fracassés !

Mes dix jours de congés passent très vite, je dois déjà songer à rentrer et reprendre mon travail. Je repars chez moi « le cœur dans les chaussettes », la situation a bel et bien changé, mon esprit est ailleurs, impossible désormais d'agir comme avant. Je suis à nouveau face à un choix. Je veux évoluer, me prouver qu'après toutes ces années je peux enfin réussir professionnellement, me réconcilier et faire la paix avec les « anathèmes » paternels. D'un autre côté, j'aime profondément mes enfants et je veux être là pour les soutenir. Comment gérer cette situation ?

L'image de ma fille sur son lit d'hôpital me hante, ma seule envie est de retourner à ses côtés. Je ne vais pas pouvoir gérer d'un côté mon travail et la situation de Gwenn de l'autre. Je demande un entretien avec mon supérieur. Le directeur commercial me suggère de trouver un centre de rééducation pour ma fille, près de chez moi. Je le remercie mais je lui explique que cela l'isolera encore plus de ses amis et de sa famille.

Trois semaines se sont écoulées depuis que Gwenn se trouve au CHU et elle n'en peut plus et trépigne d'impatience à l'idée de partir. Elle tente une sortie un week-end pour rentrer dans sa colocation et une fois installée dans la voiture d'un ami, elle est saisie de panique. C'est sa première sortie depuis son accident, la peur la tétanise ! Elle se rend très vite compte qu'elle n'est plus la bienvenue dans le « sweet home » à quatre, ce n'est pas toujours simple de s'entendre en colocation mais lorsqu'on y ajoute un handicap associé à un fauteuil roulant cela s'avère très vite compliqué.

Dans le monde du spectacle, l'image de soi et celle que vous renvoie les autres, est verrouillée par un ego en quête de reconnaissance. Partager le quotidien de quelqu'un de fragilisé peut être une vision difficilement supportable. Ce sera un moment dur à passer pour ma fille. Entre ceux qui viennent par curiosité, ceux qui mesurent la chance de ne pas être à sa place et enfin ceux dont l'amitié est bien réelle, il lui faut faire la part des choses.

La recherche d'un centre de rééducation devient vitale, les places sont peu nombreuses et la liste d'attente conséquente. Anne, ma sœur, vient à notre secours. En faisant jouer le rapprochement nécessaire avec Yann, le père de Gwendoline, elle lui obtient une place dans un grand centre de rééducation du Morbihan. Ma fille part s'installer là-bas pour un temps indéterminé. Me concernant, cela complique un peu plus la situation car la distance augmente.

Comment faire ? Il faut trouver d'urgence une solution pratique. Grâce à la «compréhension» d'un ami médecin, je suis mise en arrêt de travail pour la raison habituelle « syndrome dépressif ». Comme d'habitude, je n'ai pas vraiment le temps de savourer mon syndrome dépressif, aberration de notre système qui nous oblige à trouver une excuse dans un moment pareil. Il devrait y avoir une « case » pour les soutenants !

Je demande l'hospitalité à ma sœur pour un mois mais nous n'avons aucune certitude quant au temps qu'il faudra à Gwendoline pour retrouver une véritable autonomie. La cohabitation avec ma sœur commence, cela fait bien longtemps que nous n'avons pas vécu ensemble Anne et moi. Dès mon arrivée à son domicile, elle me donne les règles du jeu. Elle aime avoir son espace tranquille lorsqu'elle rentre chez elle. Je pense que le fait de cadrer les choses nous est bénéfique. Je suis plutôt d'une nature expansive alors je fais des efforts pour respecter sa sphère privée. A moi de gérer mon quotidien. Le travail d'Anne et ses nombreuses responsabilités l'accapare énormément. De plus, elle vient de s'acheter une maison et en porte la charge financière. Dans ce contexte, je débarque une fois de plus avec mes problèmes. Malgré tout dans mon cœur, je la remercie, je me rapproche de Gwenn et c'est ce qui compte le plus.

Quant au père de ma fille, ses visites à l'hôpital sont limitées. Il a peu de temps à lui consacrer car il a une nouvelle vie, des enfants et un travail très prenant. Peut-être se protège-t-il encore par rapport au passé ? Je n'en sais rien. Pourtant c'est notre enfant. J'aimerais tellement qu'il me soutienne au quotidien. Parfois dans mon ressenti, les choses sont loin d'être claires et simples, j'agis souvent dans l'urgence avec une certaine exigence pour mon entourage sans forcément réaliser la façon dont tout cela est perçu.

Je passe tous mes après-midis avec Gwendoline, nous discutons, soit dans sa chambre soit en nous baladant au bord de la mer. Le premier service où elle est transférée n'est pas le plus adapté, manque de place oblige ! Ses rapports avec certains soignants s'avèrent parfois tendus. Un jour j'ai l'idée malencontreuse de demander à ce que l'on surveille un de ses taux glycémiques. Ma fille explose de colère en apprenant mon intervention, j'en prends plein la figure !

- Mêles-toi de ce qui te regarde, me dit-elle, je suis capable de me débrouiller toute seule !

Je pensais bien faire et visiblement ça n'est pas le cas, je suis à côté de la plaque. Je craque. Elle se nourrit très peu, elle est fragile et en tant que mère, j'ai quelques raisons de m'inquiéter. Pourtant, son attitude me fait comprendre que j'empiète sur son espace, je m'occupe de choses qui lui sont personnelles.

- Bon sang Rose, mais où se situe notre « foutue » place dans des moments pareils ? La colère se mêle à la tristesse. J'ai envie de repartir, d'envoyer tout paître. Qu'est-ce que l'on attend de moi ? D'être seulement présente ? Même pas, puisque ma présence tous les après-midis semble inutile. Que faire ?

Comble de tout, je me sens coupable, coupable d'avoir eu un amant, coupable d'avoir fait souffrir leur père. Malgré tout je suis là, je suis sa mère ! A moi d'endosser le costume de la trahison et du bourreau ! Par moments la coupe est pleine.

Pour couronner le tout, on lui a découvert un an auparavant, une réaction allergique au gluten, au niveau sanguin. Cela se traduit donc dans un centre hospitalier par une impossibilité à avaler une nourriture insipide. J'essaye de pallier à cela en lui amenant des pots de miel, des pots de crème de marrons, des galettes de blé noir, des tonnes de bonbons et de chewing-gums. Arthur et Gwenn ont été habitués à vivre sans trop de sucreries, mais là, je ferme les yeux sur les quantités achetées. Il faut bien qu'elle se passe les nerfs sur quelque chose ! On gère au jour le jour et si cela adoucit son quotidien, tant mieux.

- Laura, dites-vous que vous avez fait de votre mieux, même si votre entourage pense le contraire. C'est important de fortifier l'amour que l'on se porte, c'est le point d'ancrage de la nature humaine. Sinon, on recherche toute sa vie l'approbation et l'amour dans la relation à autrui et l'on passe à côté de soi, me dit-elle.
- C'est vrai, mais c'est parfois compliqué de maintenir le cap !

Fin novembre, elle est enfin admise dans le bon service. La rééducation est difficile mais elle est plus en adéquation et mieux ciblée par rapport à ses différents traumatismes. Son kinésithérapeute n'est pas commode et exigeant mais ma fille l'est aussi. Les progrès deviennent visibles. Elle reprend son autonomie, petit à petit et parvient à faire quelques pas sans son fauteuil roulant malgré le fait que son oreille interne lui pose problème. Cela l'empêche d'ajuster son équilibre. Le choc a été tellement violent lors de l'accident, sa tête a heurté le sol et l'appareil auriculaire interne a souffert.

Bien sûr, dans le centre tout est agencé de façon à ce que la vie quotidienne, déplacements, toilettes, repas, se déroule de la manière la plus aisée. L'image est parfois saisissante car les équipes soignantes vont d'un pôle à l'autre, en rollers ou en vélo. Il faut dire que les distances entre chaque bâtiment sont importantes.

Je l'attends souvent dans la grande salle de pause. Une cheminée ronde permet de réunir un certain nombre de personnes, convalescents et familles, autour d'elle. J'aime cet endroit, il y règne une atmosphère de convivialité. Tout le monde s'y retrouve, les patients, des cas les plus graves aux plus légers, les accompagnants, les éducateurs ainsi que tout le personnel de service. En nous regardant, je me dis : c'est cela l'humanité avec ses joies et ses souffrances, la vision d'une cour des miracles car la plupart des patients ont échappé de peu à la mort.

Certains sont allongés sur le ventre sur des chariots pour soulager des problèmes d'escarres sans doute. Un lien particulier me relie à eux, au-delà des apparences traumatisantes. Les éducateurs se déplacent d'une table à l'autre, discutent, jouent, plaisantent, consolent parfois. Leur présence apporte certainement beaucoup à tous ces êtres choqués et à leurs proches. Il émane d'eux une sérénité, une apparence de nonchalance s'inscrivant parfaitement dans le cadre. Leurs regards portés au loin, font oublier le contexte dramatique du pourquoi de leurs présences. Parfois, parmi les patients anonymes, vous y croisez un grand sportif, footballeur en général, en pleine rééducation après une opération des ligaments croisés. Cet endroit aussi étrangement que cela puisse paraître, respire la vie, l'espoir et la joie !

Lorsque ma fille m'y rejoint, notre plaisir est de partir nous promener au bord de la mer. Je pousse son fauteuil roulant et nous cherchons un coin où nous poser tout en fumant notre cigarette. Quelle vue splendide ! La mer s'étale devant nous, tantôt proche, tantôt lointaine, accordée au rythme des marées. Ces instants nous rapprochent, Gwenn et moi. Notre relation se renoue et l'échange sincère devient possible car nous nous sommes éloignées, perdues en route peut-être, je ne sais pas. Je la regarde et je l'aime profondément. Au fil de nos discussions, je prends conscience des manques fondamentaux qu'elle a pu éprouver. Je n'ai pas toujours été présente au moment où elle en a eu besoin. La présence de son père depuis notre divorce lui manque cruellement aussi. J'écoute et j'entends. Ensuite comme elle grelotte vite, nous nous précipitons dans sa chambre pour boire notre petite tasse de Ricoré et nous réchauffer. Souvent je la masse car le retour veineux de ses jambes laisse à désirer. Elle marche encore très peu et doit porter des bas de contention. J'aime la masser, la toucher et elle adore cela aussi.

Ces moments de tendresse nous permettent de nous retrouver. L'amour a toujours été bien présent mais la connexion s'est interrompue à un moment. Petit à petit, la confiance revient, Gwenn sent qu'elle peut compter sur moi mais parfois elle se rebelle. Dans ces instants, son être exprime une forme de rejet en me renvoyant mes erreurs à la figure. Certains jours, elle a juste besoin d'être seule, cela me fait mal mais j'accepte. A côté de ce qu'elle subit, je remise mes manques au placard. Je souris en la regardant passer ses nerfs sur ses chewing-gums !

J'arrête mon récit. Les mouettes et les sternes s'en donnent à cœur joie. Rose a sorti à nouveau du pain de ses poches et les oiseaux se bagarrent pour prendre la meilleure part, ce qui la fait rire.

- Venez Laura, lancez-leur les petits morceaux de pain, regardez comme ceci.

Rose se lève et se met à tournoyer. Les oiseaux l'accompagnent. Plus ils sont empressés de récupérer leur pitance, plus cela la fait rire. Rose joue avec eux. Je rejoins la danse et nous partons dans une ronde sans fin éclatant de rire sous un soleil radieux. Je respire ce grand air marin. Nous décidons d'aller marcher sur la plage tout en continuant à échanger.

- Que c'est bon d'être ici ! me dit-elle.
- Je m'allège d'un poids Rose si vous saviez, lorsque je vous raconte tous ces événements. J'ai le sentiment de sortir la tête de l'eau à chaque fois et de replonger dans la suivante pour aller chercher les morceaux épars. Je me libère. Pour tout vous dire, je n'avais pas conscience de la nécessité de me délivrer de cette histoire. Quelque chose restait enfermée et m'étouffait. Votre venue est une aide providentielle ! Peu m'importe de quelle planète vous arrivez, vous m'écoutez et m'accueillez. Un grand merci !
- C'est un vrai bonheur, Laura, répond Rose, la mine rieuse.

- Je comprends pourquoi les mouettes vous aiment tant. Vous faites partie des leurs, lui dis-je en riant.
- Vous ne croyez pas si bien dire, ma chère ! Nous en étions où ?

Je souris intérieurement sur le « nous en étions où ? », elle n'écoute pas seulement mon histoire, elle la vit. Je reprends le fil.

- Jour après jour, Gwenn a tissé des relations avec certaines aides-soignantes qui le lui rendent bien et l'encouragent. Puis avec ses voisins de chambre, l'amitié s'installe. Au début, comme à son habitude, elle reste dans sa bulle puis, petit à petit, son besoin d'humanité refait surface et elle partage des discussions, des activités, cinémas ou autres, avec eux. Ils se comprennent, étant tous, à un degré plus ou moins important, des rescapés de la vie. Elle recommence à sourire et retrouve son sens de l'humour. Ils font la course dans les couloirs interminables en fauteuil roulant ! La vie revient plus forte et ils s'entraident, se charrient, se rejoignent. C'est leur espace.

  Enfin, elle peut sortir pour le week-end ! Nous partons faire le marché, acheter des fruits, du pain sans gluten, des galettes de blé noir. La première fois, c'est douloureux, Gwendoline ne supporte pas le regard des gens sur son fauteuil. Pourtant au fond de moi, je sais qu'il est vital pour elle de renouer avec l'extérieur, la vie de tous les jours. Puis le temps fait son œuvre et elle devient plus à l'aise. Se mêler aux autres dans un fauteuil roulant, assise, en plein marché, au milieu de la foule, fait aussi partie de sa rééducation. Elle a le droit à sa place, bon sang ! Sa situation difficile et précaire fait prendre conscience aux autres, en tout cas je l'espère, que nous formons un tout et non pas des castes disparates. Surtout dans un monde terrorisé par la mort et le handicap, qui préfère miser sur le paraître et non l'être. C'est un chassé-croisé utile à tous !

Les fêtes de Noël approchent, toutes les vitrines et les rues scintillent, parées de décorations de toutes sortes. Nous partons à la découverte de cette féérie, en faisant du lèche-vitrine, des emplettes. Gwenn essaye des vêtements, de la lingerie. Quel plaisir de la voir reprendre goût à la vie. Souvent, nous nous accordons une petite pause au chaud dans un restaurant ou dans un café, parfois en terrasse. Mais là encore, prudence car le thermomètre avoisine le zéro et très vite les jambes de Gwendoline se transforment en bloc de glace, alors on se rue toutes les deux en riant dans la voiture en mettant le chauffage à plein régime, le temps qu'elle décongèle un peu.

Peu à peu, sa marche s'affirme, elle est capable de se tenir debout plus longtemps. Bon d'accord, ce n'est plus un nouveau-né mais c'est tout comme, c'est tellement important pour elle de remarcher !

- Quel courage, Rose ! Elle donne à la fois l'image d'une grande fragilité et d'une volonté hors du commun. Son vœu le plus cher est de retrouver l'usage de ses jambes comme avant. Cette obsession profonde la tenaille et Gwendoline s'en donne les moyens malgré les douleurs. Je suis présente, sans l'envahir, je respecte son besoin d'espace. Il faut doser, trouver le chemin du milieu. Etre un soutien, la rassurer et s'effacer lorsque cela est nécessaire. Elle souhaite par-dessus tout retrouver son autonomie et dépense une énergie considérable dans ce sens, effort qui n'est d'ailleurs pas toujours reconnu par son entourage médical. Je dois de plus, régulièrement expliquer au grand boss du service que son départ du centre est prématuré. Il lui accorde chaque fois un petit délai supplémentaire. Certes, ses progrès deviennent visibles mais de là à gérer seule son quotidien, c'est beaucoup trop tôt.

D'ailleurs une bonne question se pose : où va se situer son nouveau chez elle ? Dans la ville de Nantes, où elle résidait avant l'accident, elle n'est plus la bienvenue. Une personne en fauteuil roulant, c'est encombrant. Il lui faut faire, une fois de plus, le deuil de cette vie-là pour l'instant. Les amitiés narcissiques sont difficilement conciliables avec un handicap, même en voie de guérison. Un de ses colocataires lui avouera être très mal à l'aise avec l'image qu'elle lui renvoie. Au moins il fait preuve d'honnêteté en lui exprimant sincèrement le fond de sa pensée. L'idée commence à germer, Gwenn se dit que le choix de rester dans un environnement proche du centre de rééducation, de se rapprocher de son père, est peut-être le bon.

J'habite toujours dans l'est ! Chaque fin de mois, je remonte dans mon sweet home quelques jours. Cela me permet de souffler un peu et d'essayer de me ressourcer. En même temps cela permet à Anne, ma sœur, de retrouver son espace. Tant que ma fille est en rééducation, je vis toujours chez elle ! Sa maison est spacieuse, sa chambre se situe en bas et moi je dors à l'étage. Après mes journées passées à l'hôpital, j'ai besoin d'un temps de solitude et je ne suis pas très causante.

Chez moi, je peux souffler un peu, je retrouve mon espace et je reprends des forces. En ouvrant mon ordinateur, je me trouve face à des tonnes de mails à gérer, car, même en arrêt pour syndrome dépressif, le courrier continue d'arriver sur ma boîte mail professionnelle. Je me sens si loin de toute cette agitation commerciale ! Je commence à me poser des questions. Que vais-je devenir ? Comment gérer la situation en habitant à plus de six cents kilomètres ? C'est une période où je me retrouve à nouveau à la croisée des chemins…

Rose et moi, perchées sur notre banc au bord de la falaise, observons les myriades d'étoiles scintillantes couvrir petit à petit la voûte céleste. La nuit est arrivée doucement une fois de plus sans que cela trouble notre espace intime d'échange. Je regarde Rose. Ses paupières sont mi-closes, seul un léger souffle s'échappe de ses lèvres. Dort-elle ? Une envie de l'embrasser, de la toucher me prend, peut-être pour me conforter de la réalité de son existence ? Je décide de m'éclipser discrètement.

Une lune presque pleine éclaire le sentier et trace mon chemin. Je regarde la plage un peu en contrebas, attirante, mystérieuse et une envie irrépressible me prend tout à coup. Je descends et je m'approche des flots, j'évite de réfléchir et envoie voler mes vêtements. Je prends une grande inspiration, je cours et l'eau glacée m'accueille et m'ouvre ses bras. Je fends les flots comme une folle et je me fonds dans l'immensité bleu-nuit sous le regard bienveillant du grand astre argenté. Je ris, je pleure, je vis !

CHAPITRE 13

Dès potron-minet je retrouve Rose, le visage épanoui, son corps délicatement posée sur le banc et son visage nacré par la rosée matinale. Nous respirons ensemble le silence qui règne à cette heure, accompagnées par les premiers chants des oiseaux. Instant magique où la vie renaît, où les sensations sont subtiles et raffinées.

- Bonjour, Rose.
- Bonjour, Laura, Je crois que je me suis assoupie un moment, hier. Où en étions-nous ? Je me souviens : Vous vous posiez des questions quant à votre devenir.
- Exactement, Rose. Vous ne dormiez que d'un œil dis-je en souriant. Oui la question sur mon avenir immédiat me tracasse.
  Pour l'instant, Noël arrivant, je laisse mes soucis de côté. Nous aimons tous cette fête familiale qui nous rassemblent. Anne organise un repas chez elle avec ses enfants et les miens le 25 décembre. Quelques jours auparavant, nous avons eu une discussion concernant Gwendoline. Elle s'inquiète de la voir toujours en fauteuil roulant. Le spectre de notre enfance, notre mère malade en fauteuil roulant hante peut- être encore sa mémoire ? Elle m'interpelle sur la maigreur de ma fille. Je lui explique que son accident est encore proche et que la rééducation est loin d'être terminée. Concernant son problème d'allergie au gluten, à l'hôpital, la nourriture n'est pas adaptée et la plupart du temps insipide, Gwenn mange donc peu. Je pense aussi qu'au vu de tous les exercices de rééducation exigés par le centre, son corps puise le peu de calories qu'elle prend. Je rassure ma sœur en lui disant que j'en suis parfaitement consciente. Je ne sais pas toujours comment lui expliquer

la situation ou peut-être ne se rend-elle pas compte du temps de reconstruction dont a besoin Gwendoline ?

Lors d'un moment d'échange avec ma fille, je lui fais part des inquiétudes de sa tante. Je crois que j'aurais vraiment mieux fait de me taire, Rose !

Le jour de Noël, Gwenn tient absolument à s'asseoir sur une chaise comme tout le monde. Je pense, pour se sentir d'une part au diapason avec les autres et peut-être d'autre part pour montrer à sa tante qu'elle peut se passer de son fauteuil. Mais deux mois et demi seulement la séparent de son opération ! Pendant des heures, elle s'impose un effort au-delà de ses limites, sans le faire paraître jusqu'au moment où son corps lâche et qu'elle demande à aller s'allonger. Elle se met à trembler d'épuisement et je prends peur. A tout moment, je me demande s'il ne faut pas appeler le SAMU. Que faire ? La chambre que nous partageons Gwenn et moi se trouve au premier étage et il lui faut l'aide de son frère et de son cousin pour y arriver. Ma petite chérie est dans un tel état que je reste sur le qui-vive. Elle reste un long moment à trembler, je la serre contre moi en la berçant et elle finit par s'endormir. Je retrouve les autres mais mon cœur est ailleurs. Je ressens une sorte de colère et d'incompréhension. Mais personne n'est à blâmer ! Lorsque ce n'est pas votre enfant qui est touché peut-on comprendre la souffrance d'une mère dans ces moments-là ? Notre famille est réduite, Anne, moi et nos enfants. Mon frère est loin et nous le voyons très peu. Nous n'avons plus ni de parents ni de grands-parents.

- Je me sens seule, Rose. Ne pas pouvoir souffler, être sur tous les fronts, essayer de tenir coûte que coûte. La mère et la fille, même combat, une manière de chercher l'appui ou la reconnaissance de l'autre, qui sait ? J'ai tellement envie de voir mes enfants épanouis et heureux, j'ai tellement envie aussi de me serrer contre quelqu'un et de me sentir soutenue. Mais la voie du réconfort se situe en moi, une fois de plus. Seul Dieu peut me guider, me soutenir et m'aider à surmonter toutes les difficultés. C'est mon seul véritable havre de paix…

Après ce moment difficile, ma fille part chez son père et des amis pour la fin de l'année. Je décide de reprendre la route et de rentrer chez moi quelques jours. La vraie question se pose : Comment vais-je réorganiser mon quotidien ? Mon entourage ne voit pas que je m'épuise à faire tous ces allers et retours. Mon patron m'avait proposé de trouver un centre de rééducation proche de chez moi, c'est une solution inadéquate car je suis en déplacement, souvent toute la semaine. Ma fille se retrouverait seule loin de la Bretagne et elle s'éloignerait de tous ses amis. C'est inenvisageable ! Elle souffre déjà suffisamment !

Il me faut prendre un temps de réflexion et faire un choix. Professionnellement, j'ai déjà déployé tant d'énergie pour arriver à une fonction plus en accord avec mes possibilités mais j'ai encore plus besoin d'être auprès de ma fille. C'est une sorte d'élan vital, une nécessité. Bien qu'elle ait vingt- quatre ans, elle se trouve dans une situation où ma présence est nécessaire. Tout en roulant donc, je réfléchis.

- Etes-vous toujours en arrêt de travail Laura ?
- Oui, mais la prolongation devient délicate. Par chance, mon médecin, me soutient et règle le problème du « syndrome dépressif ».
  De son coté, ma fille progresse de plus en plus sur le plan physique, mais son moral ne suit pas. Etant intermittente du spectacle, elle regarde son corps en se disant que le monde de la scène et de la danse est définitivement fini pour elle.
- Que vais-je faire de ma vie, maman ? Tu sais que j'ai besoin de danser, de bouger, de m'exprimer. Je suis accrochée à mes béquilles. Je ne sais même pas si je pourrais tenir debout sans elle un jour. Je leur ai dit que

mon oreille droite me gêne et que cela me fait perdre l'équilibre mais ils ne sont pas d'accord. J'exagère me disent-ils !
On voit bien que ce n'est pas eux qui sont à ma place !

- Ma chérie, concernant ton problème d'oreille je vais prendre rendez-vous avec le chef de service et lui demander ce que l'on peut faire. Il y a certainement une solution. Pour tes béquilles je suis sûre que tu n'en auras plus besoin dans quelque temps. Sois patiente et la rééducation associée au courage que tu mets pour t'en sortir vont t'aider.

Comme une louve je sens le danger qui rôde. Je suis aux aguets et je prie, Rose, j'appelle à l'aide. Bien que sa détresse soit légitime, je refuse de la voir ainsi, pas après tous ces efforts inhumains qu'elle vit chaque jour. Comment faire pour qu'elle redonne un sens à sa vie et comment l'aider ?

Ma fille passe des journées entières au centre de rééducation et pendant ses moments de relâche, elle récupère tous les magazines qu'elle peut trouver. Je lui en achète, les aides-soignantes lui en amènent également. Ne pouvant plus exprimer sa créativité physiquement pour l'instant, Gwenn se met à découper une grande quantité de photos dans ces magazines. Elle les colle sur des grandes feuilles blanches et là, l'image réalisée raconte une histoire saisissante ! Cet assemblage, semblable à un kaléidoscope, vit et exprime ses émotions. Une partie d'elle, enfouie au plus profond se libère. La synchronisation des événements m'impressionne. Au centre de rééducation, une aide-soignante admire son travail remarquable et lui propose de participer à une exposition. Gwenn approuve l'idée mais vu le contexte physique et l'autonomie sans cesse à reconquérir, la décision est reportée. Une autre question l'inquiète : Où va-t-elle loger ?

Je négocie pour retarder sa sortie, encore et encore. Je bataille pour faire comprendre que son départ est prématuré. Je remercie le grand boss du service car il lui accorde à chaque fois un temps supplémentaire. Je me dis en souriant intérieurement que si toutes les mères sont comme moi, la liste d'attente risque encore de s'allonger !

- Que se passe-t-il Laura, je sens une angoisse particulière ?
- Oui, Rose. Pour comprendre ce qui se passe dans le cœur de ma fille, il faut remonter quelques années en arrière, lorsqu'elle fait ses études à l'université de Rennes. En parallèle, elle y suit des cours au conservatoire. Dans le groupe, elle se lie d'amitié avec deux jeunes femmes du même âge, Marie et Eloïse. Une amitié forte nait et quelques années plus tard, elle part à Nantes, retrouver l'une des deux, Eloïse. Leurs liens se resserrent, son amie est artiste comme elle et met en scène plusieurs pièces de théâtre. Elle a aussi une jolie voix et écrit ses chansons. Dans leurs moments de galère, coup de blues amoureux, problème de femme et bien d'autres choses encore, elles sont inséparables et s'entraident. C'est Eloïse qui me téléphone la nuit de l'accident. Mais le plus surprenant c'est que, le jour où Gwendoline est opérée, Eloïse est également hospitalisée deux étages au-dessus ! On lui a découvert un cancer et elle suit une chimiothérapie. Elles se retrouvent ensemble, mais pas pour les mêmes raisons, ironie du sort qui s'acharne sur deux amies ! L'état d'Eloïse se détériore malgré son espoir de s'en sortir. Ma fille, fracassée de partout, l'encourage et la soutient.
  Lorsque Gwenn part pour le centre de rééducation, elles continuent à communiquer. L'épreuve est dure pour toutes les deux car elles sont loin l'une de l'autre et la santé d'Eloïse se dégrade de plus en plus.

Ce jour-là, en rentrant dans la chambre de ma fille, je vois son regard anéanti. Ses propos, expriment une détresse profonde et me tétanisent :

- Eloïse est morte. Tu comprends, maman, elle est partie, je ne la verrais plus ! Alors ne compte pas sur moi pour rester dans cet hôpital de merde, je n'en ai plus rien à foutre.

Mon cœur rétrécit d'un coup, j'ai peur, peur de perdre ma fille que j'aime tant. Je sens (les mères sentent cela) que le peu d'envie de vivre qui lui reste vient de s'envoler. Que faire Rose, que peut-on faire lorsqu'on est parent ? Vous prenez cette information dans la « tronche » et vous vous débrouillez avec. Je suis oppressée mais pour elle, c'est un abîme de douleur qui vient de s'ouvrir avec le départ de son amie. Sa mort lui paraît inacceptable et injuste. Mourir à vingt-quatre ans, c'est beaucoup trop tôt ! Pourtant la grande horloge a sonné pour l'une des deux, celle-là même qui se trouvait à ses côtés le soir de l'accident. Je panique car son envie d'en finir devient palpable, je me dis que dès que je vais quitter sa chambre, elle va se jeter par la fenêtre ou avaler n'importe quoi !

- Mon dieu, que faire Rose ? Comment trouver les mots justes pour la réconforter alors je sens qu'une part d'elle est ailleurs et rejette tout. Je dois agir, faire quelque chose, peut-être rester avec elle. Mais cela ne nous est pas possible, d'ailleurs je ne sais pas si elle le souhaite. Je décide d'aller voir à nouveau le Grand Boss. Je lui explique la gravité de la situation, l'état de détresse de ma fille. Est-il possible que quelqu'un veille sur elle car je sens Gwenn prête à tout ?

Je rentre chez ma sœur dans un état pitoyable. J'ai tellement besoin de soutien. J'essaye d'expliquer l'état de sa nièce à Anne. Elle pense que c'est juste une autre des pensionnaires du centre qui est décédée ! Je n'ai plus l'énergie pour expliquer le lien fort qui unissait Gwendoline et Eloïse. Je ne sais plus comment dire les choses. Où trouver la douceur et la compréhension dans un moment pareil ? Qui peut m'écouter et m'aider à sauver mon enfant ? - Dieu, cette grande force de Vie et d'Amour qui nous laisse toujours notre libre-arbitre. Le chemin se situe en moi-même. Je déploie mes ailes et je prie en espérant que ma prière sera entendue.

- Je prie une grande partie de la nuit, Rose, c'est la seule chose que je puisse faire. Je fais confiance à l'Amour inconditionnel et je puise une nouvelle fois dans cette Source profonde. La louve reste aux aguets, je sursaute au moindre bruit, pensant que c'est le téléphone, mais je continue à prier. Vous savez, Rose, pour moi prier, c'est affirmer, reconnaître ma filiation à cette source divine, reconnaître sa perfection et son immense bonté. Affirmer la guérison de ma fille, c'est reconnaître qu'au-delà de sa terrible souffrance, son existence vaut le coup. L'épreuve à surmonter est terrible pour elle mais mettre fin à ses jours est pire encore. Alors j'espère de tout mon cœur...

Le lendemain, Gwenn me dit qu'une aide-soignante s'est trouvée là au bon moment. Le médecin n'en a rien su ou peut-être a-t-il fait le nécessaire ? Un peu de répit, un sursis, merci !

Je retourne voir le médecin et lui demande de l'aide à nouveau. Je sens Gwenn si fragile ! J'admets que pour ce chef de service, il y a tant de choses à gérer, à superviser et que ma demande est délicate mais je sens qu'il m'écoute, malgré ma tension intérieure et mes maladresses. Nous les aidants, apprenons aussi dans l'épreuve. Arriver à garder notre calme et notre efficacité à chaque instant est loin d'être facile. Peut-être est-il urgent que notre société prenne en considération toute cette souffrance vécue par les accompagnants et ceux qui aident ? Qui s'occupe de nous, nous soutient ?

- C'est très juste ! me dit Rose.
- Mais pourquoi ces épreuves qui touchent sans cesse les êtres qui me sont les plus chers ? Me suis-je incarnée pour aider, est-ce que cela doit absolument se faire dans la souffrance ? J'aspire à la légèreté, la simplicité et, depuis ma naissance, une succession d'obstacles alourdit ma route. Lorsque j'arrive à m'isoler dans la nature, j'y trouve un écho

et une paix bienfaisante. Que ce soit près de la mer où dans la forêt, je me sens aimée et écoutée. Je sais que vous comprenez Rose.

- Vous avez raison. La nature participe à la création de chaque être humain, il est juste et bon de la remercier sans cesse. Beaucoup de gens considèrent que la nature leur appartient et qu'ils peuvent se servir sans fin, c'est une erreur. Elle les aide, les nourrit, les réchauffe, les accueille et elle est toujours prête à coopérer avec eux s'ils s'en montrent dignes et pleins de gratitude. L'homme et la nature doivent cheminer ensemble et non s'opposer car dans ce cas l'être humain a beaucoup à perdre. La Nature peut vivre sans l'homme mais lui ne peut pas vivre sans la Nature, me répond-elle avec beaucoup de douceur et son éternel sourire bienveillant. Mais continuez Laura, je vous en prie.
- Ma fille souffre et se trouve dans un état affectif pitoyable, mais elle vit, si on peut appeler cela vivre. Nous avons réussi à retarder sa sortie. Elle ne peut plus rentrer dans sa colocation, à Nantes. Ils sont quatre dont trois intermittents du spectacle. Vu son état physique, la vie avec eux n'est plus d'actualité. Elle a tant besoin de réconfort, de soutien, elle aussi, une autre solution doit être trouvée. Plusieurs choses se mettent donc en place parallèlement.

Au début Marie, son autre amie du Conservatoire, accueille Gwenn chez elle quelques temps. Du trio de départ, elles se retrouvent à deux désormais. Puis elle part vivre quelque temps chez son père, Yann. Elle aspire à trouver un endroit à elle et finit par avoir un coup de cœur pour une petite maison à louer à deux kilomètres de chez son père. Un lieu de vie qui n'est pas vraiment adapté à son état de santé ! Sa chambre se trouve à l'étage et les sanitaires aussi, c'est donc beaucoup d'efforts en perspective pour vivre au quotidien. La sachant proche de son père, je suis un peu rassurée. Elle continue sa rééducation en hôpital de jour, dans le même centre.

En ce qui me concerne, un choix professionnel devient inévitable mais l'équivalent du poste de cadre régional que j'occupe, est déjà pourvu en Bretagne. Le second problème, c'est la nature des relations que j'entretiens avec mon ex-directeur régional, l'harmonie et le respect ne faisant pas partie de son dictionnaire de vie. J'ai déjà dû, à cause de son comportement, m'expatrier dans l'est de la France et je ne me vois pas maintenant revenir dans ses équipes alors qu'il s'est opposé à ma nomination. Un vrai problème ! Pourtant, je sens de façon intuitive que je dois me rapprocher le plus près possible de Gwenn. Les six cents kilomètres qui nous séparent, ajoutés à la traversée de Paris, compliquent trop la situation. Arthur lui, vit dans le Maine et Loire. Petit à petit, j'envisage de m'y installer, au moins nous serons deux pour aider et soutenir Gwenn. Mais, pour cela, je dois d'abord démissionner une fois de plus de mon poste.

Il y a urgence Rose ! Je sais pertinemment qu'en cas de gros coup dur, la seule à pouvoir se libérer, c'est moi. Je ressens la gravité de l'état de ma fille et surtout sa fragilité psychologique. Et il y a tant de problèmes à régler, avec son avocat qui ne s'occupe pas correctement de ses affaires, et les expertises médicales qui tardent à venir. Gwenn va avoir grand besoin d'une provision financière pour vivre.

Je donne donc ma démission dans l'Est et je suis mutée en Anjou au début d'avril. Mes enfants viennent m'assister lors de mon déménagement dans une grande maison de plain-pied que je loue au sud d'Angers. Bon, c'est vrai, il y a encore plus de deux cents kilomètres qui me sépare du domicile de ma fille mais ça fait moins que six cents et je n'ai plus à traverser Paris. Un maintien de salaire de quatre mois me donne le temps de voir venir, ensuite, on verra bien…

Une fois installée, je rencontre l'avocat de Gwenn. Je ne le ménage pas et lui fait comprendre que s'il ne se bouge pas, nous irons voir ailleurs. Au bout de quinze jours, comme par hasard, il lui obtient une provision de l'assureur du conducteur. Il était temps car depuis deux mois, Gwendoline n'a plus un centime pour vivre ! Problème de transfert de

dossier de sécurité sociale en cours qui n'en finit pas. Elle a également besoin d'aide sur d'autres plans elle est tellement gavée, et j'emploie le terme à bon escient, de tranquillisants que parfois elle n'est pas dans son état normal. Cela la fragilise énormément même si cela calme ses angoisses profondes.
J'apprends qu'elle est tombée dans ses escaliers et s'est retrouvée à l'hôpital pour passer une radio. Heureusement ses vertèbres ont tenu bon. Tenir encore et encore. Je me reproche d'être trop éloignée. Je n'ai pas encore eu le temps de développer mon don d'ubiquité !

Elle habite près de son père mais j'apprends qu'elle l'envoie « sur les roses », parfois. Peut-être est-ce là encore, une manière de régler ses comptes et d'exorciser sa peine ? Mais je sais qu'il veille sur elle et qu'il fait ce qu'il peut, c'est important pour nous tous.

Une bonne nouvelle arrive : au centre de rééducation, elle peut enfin passer son permis de conduire pour pouvoir rouler dans un véhicule muni d'une boîte automatique. Elle trouve une petite voiturette électrique et c'est un grand moment de bonheur. Elle se sent indépendante et peut aller où bon lui semble. Sept mois après l'accident, elle peut enfin s'affranchir de son fauteuil roulant, c'est une victoire pour elle. Elle marche toujours avec ses béquilles et progresse de semaine en semaine.

Je l'accueille le plus souvent possible chez moi, elle s'y sent chez elle, mange et vit comme elle le souhaite. Je la récupère à la gare et elle reste le temps qu'elle veut. Nous nous adaptons à son allergie au gluten Arthur et moi, je change ma façon de cuisiner pour que la tablée reste conviviale mais son alimentation est parfois bien trop limitée en quantité. Des deux fractures qui ont touché sa colonne vertébrale, l'une est en lien avec le système digestif et cela complique son transit. Elle mange beaucoup de végétaux donc de fibres et commence à être régulièrement constipée, problème certes basique mais important. Elle marche autant qu'elle peut avec deux béquilles et cela l'aide. Mais la constipation persiste et son système digestif continue de ralentir.

Au mois de septembre, elle prend une décision complètement folle. Elle veut partir à Lourdes pour marcher sur une portion de la route des pèlerins de Saint Jacques de Compostelle. L'instinct maternel se réveille et je panique. J'essaye de la raisonner puis je m'incline devant son choix. De toute façon lorsque Gwenn décide quelque chose, difficile de l'en empêcher. Nous l'accompagnons à la gare, Arthur et moi. Son sac à dos pèse une tonne, mais là encore voulant préserver mes inquiétudes, elle me fait croire qu'il y a juste le nécessaire. Elle part donc accomplir sa quête.

C'est prodigieux, la force et la volonté hors du commun dont elle fait preuve. Dans les moments les plus durs, Gwenn trouve la force de puiser en elle et reçoit la Grâce. Je l'admire beaucoup. Elle nous envoie des photos d'elle avec ses deux béquilles à côté d'une vache au milieu d'un pré, image délirante ! A Lourdes, à bout de force, elle est recueillie par les sœurs qui la soignent et surtout l'emmènent à la première messe du matin, elle va être plongée ensuite dans le bassin et baptisée. Quel chemin ! Vous savez Rose, Yann avait choisi de ne pas baptiser nos enfants dans la tradition chrétienne. Leur père a une âme celte que je partageais profondément. De mon côté, au vu de l'hécatombe familiale en dépit de leurs convictions religieuses, je crois que je ne mesurais pas le sens du baptême dans sa dimension sacrée. Etre baptisé dans la nature selon le rite celtique avait plus de sens à mes yeux que dans une église. La maison de Dieu est partout et surtout dans le cœur des hommes, me disais-je.

Lorsqu'elle rentre de son périple, une lumière nouvelle brille dans son cœur et surtout dans ses yeux.

En ce qui me concerne, par contre, la fatigue physique se fait sentir. J'ai beaucoup de mal à tout gérer. Je n'ai plus ni l'envie ni la volonté de continuer ce travail commercial qui assure certes la partie financière de mon existence mais me demande également une forme d'extraversion. J'ai besoin de me retrouver et de souffler pour faire le point. Avant la fin de mon quatrième mois, je donne définitivement ma démission. Je quitte la société pour laquelle je travaillais depuis dix ans. Je cherche un sens à ma vie et surtout j'en ai ras le bol. Peut-être n'ai-je pas mesuré toutes les conséquences de ce choix mais dans mon ressenti, ce dernier me semble juste. Le solde de tout compte qui m'est versé me permet de voir venir. Je sais que je n'aurais pas droit au chômage ou alors dans quatre mois si mes recherches pour un nouvel emploi sont effectives. Pendant les deux mois qui suivent, je prends enfin un peu de repos sans chercher à me projeter dans le futur. Mais bientôt les événements s'accélèrent et me ramène à nouveau sur le champ de bataille !

Arthur, qui travaille depuis plusieurs années en tant qu'éducateur, passe lui aussi un cap difficile, difficultés financières et un ras le bol de faire ce qu'il fait.

La santé de Gwenn se dégrade encore une fois, elle est hospitalisée au service de gastro-entérologue pour ses problèmes de constipation, ses intestins se bloquent et il lui est impossible d'aller à la selle.

Je sens à nouveau que ma source intérieure essaye de me prévenir de quelque chose car je viens de faire un rêve :

Un grand bus apparaît. Une petite voix me dit de ne pas y monter mais sous mes yeux, je vois ma fille grimper dedans avec une autre personne, une amie ? Je décide d'y monter également. Je sais que nous allons plonger ensuite dans la rivière. Le bus bascule et s'enfonce profondément sous les eaux. Sous le choc, nous sommes éjectées et une petite lumière me pousse à nager et à laisser ma fille. Je sais que je vais m'en sortir mais sans ma fille, c'est impossible. La personne ou amie est en train de l'entraîner vers le fond. Elle va se noyer, alors je saisis sa main au vol et la maintiens fermement, je suis la petite lumière qui nous guide. Au début ma fille se rebiffe et veut rejoindre son amie mais je ne lâche pas. Comme nous nageons sans cesse à contre-courant, c'est éprouvant. Enfin nous arrivons à une sorte de bouche d'égout avec des poignées située au-dessus de nos têtes. Nous pouvons enfin respirer. Un message me parvient, il faut nous accrocher solidement aux poignées car un gigantesque lâcher d'eau va arriver et tout balayer. Je serre solidement ma fille contre moi et je m'accroche de l'autre main. L'eau arrive, démesurée, par saccades, et noie tout sur son passage. Son amie est noyée dans les flots. Je tiens bon et résiste de toutes mes forces. Le calme finit par revenir. Nous sommes à bout de forces. La trappe de l'égout s'ouvre et deux hommes de type aborigène, le sourire aux lèvres, nous hissent hors du trou. Ils nous déposent délicatement dans une pirogue et une fois que je suis allongée, ils me déposent Gwendoline contre moi. Je serre tendrement ma fille dans mes bras. Nous sommes sauvées ! La pirogue se met à glisser le long de la rivière calme et paisible...

Je me réveille le cœur battant à tout rompre. On me prévient, je sens la gravité de la situation, je suis à nouveau aux aguets, il faut redoubler de vigilance. C'est curieux car cette scène me rappelle celle que j'ai vécue à l'époque où je pratiquais le canoë kayak. Ce barrage qu'il a fallu franchir en m'enfonçant d'abord dans l'eau, je m'en souviens très bien. Je sais que, hormis une énorme frousse, j'ai réussi à le passer, ce foutu barrage. Ce rêve m'amène-t-il à comprendre que je peux aider ma fille à s'en sortir ? Analogie étrange mais plutôt rassurante.

Je pars le lendemain pour l'hôpital. Son ventre est énorme, on dirait qu'elle est enceinte de neuf mois. Son transit est bloqué. Au bout de deux jours de soin, une petite amélioration survient quand même, lui permettant de rentrer chez elle et moi chez moi. Moins d'une semaine plus tard, Gwenn repart à l'hôpital. Elle vomit, son corps est d'une maigreur accablante et ses intestins sont à nouveau inertes.

Je sens l'imminence d'un danger qui rode, j'ai l'intuition que si elle rentre chez elle, elle va y laisser sa peau. Je décide alors de repartir la voir à l'hôpital en me disant que si aucune amélioration ne survient, je la ramènerai chez moi. La route est hallucinante, la voie rapide est recouverte de neige, le thermomètre vient de chuter et il fait très froid. Il me faut deux heures de plus que d'habitude pour arriver à son chevet. Dès mon arrivée dans le service, je demande à voir un médecin pour faire le point sur la situation. Nous sommes dimanche mais le médecin de garde se présente. Il m'explique qu'on lui a fait subir coloscopie, fibroscopie, scanner et j'en passe. Elle doit avaler cinq litres de « PEG » par jour, une sorte d'eau salée pour faciliter son transit. Il se demande même si ce n'est pas un cancer, vu ce qui est arrivé à son frère, et… cerise sur le gâteau, ils sont prêts à intervenir en cas d'occlusion ! En fait ils ne trouvent rien, ils supposent que tous les antidépresseurs qu'elle ingurgite n'arrangent pas la situation. Je sens la colère qui gronde en moi, ma fille n'est pas un cobaye de laboratoire ! Même si l'équipe médicale fait tout ce qu'elle peut, de savoir qu'elle subit tous ses examens sans résultat est intenable.

Une idée me vient. Je viens de rencontrer près de chez moi un très bon naturopathe. C'est peut-être une bonne idée de lui amener Gwenn pour une consultation.

Ma fille reste à l'hôpital en observation et vue la distance qui me sépare de mon domicile, je décide d'aller dormir chez elle. Je me rends compte qu'elle habite en pleine campagne. Son isolement, les températures hivernales ajoutées à sa grande faiblesse physique et psychique ne lui permettront pas de survivre chez elle. C'est impossible ! Ma décision est prise, j'appelle ma fille le lendemain matin pour lui en faire part. Je récupère à sa demande quelques affaires chez elle et je pars la rejoindre. Je rencontre le chef de service, fort aimable d'ailleurs et je lui explique que j'emmène ma fille chez moi. Je le remercie de nous préparer les ordonnances et tout ce qui est nécessaire. A midi nous voilà prêtes à partir. L'équipe médicale est surprise mais cela m'est égal, je pense que j'ai fait le bon choix. Je préfère la voir en sécurité avec nous. Arthur vient, en effet de s'installer également chez moi, retrouvailles familiales après plusieurs années.

Les médecins ont l'idée « géniale » de lui supprimer les trois quarts de ses tranquillisants avant son départ, merci, c'est gentil à vous ! En clair, à nous de nous débrouiller et à Gwenn de se retrouver à nouveau face à ses peurs et ses angoisses. Malgré tout, nous sommes heureux de nous retrouver ensemble. Avec une grande part d'incertitude certes mais je me dis qu'une fois de plus, la vie va nous aider, mon rêve me maintient la tête hors de l'eau, je ne dois pas baisser les bras et avoir confiance. Elle est heureuse de revoir son frère. Nous nous sentons plus en sécurité lorsque nous sommes réunis tous les trois. Quand l'un flanche c'est l'autre qui prend le relais et mon fils va être d'une aide précieuse. Il sait gérer les situations de crise avec patience, calme et autorité. Dans notre famille monoparentale, c'est un peu l'homme de la famille. Les épreuves nous rassemblent, nous pouvons compter les uns sur les autres.

- Mais le problème reste entier, Rose. Malgré les litres d'eau salée ingurgités, Gwenn ne va toujours pas à la selle. Malgré sa maigreur, son ventre gonflé exprime plutôt un accouchement imminent ! Nous en rions mais je vois bien qu'elle souffre. Pour décompresser et nous changer les idées, nous partons souvent nous promener en forêt, la marche nous ressource et nous apaise. La nature nous fait tellement de bien.

En même temps, je porte la maison sur mes seules épaules et des rentrées d'argent régulières sont indispensables, tout est à gérer simultanément. Mes finances commencent à battre de l'aile, je dois chercher du travail. Donc je postule, je commence à mettre en place des ateliers d'écoute, de recherche en développement personnel avec quelques personnes. Une idée germe, m'installer en tant qu'auto entrepreneur. Je possède plusieurs outils à ma disposition dont le tarot de Marseille. Je souhaite l'utiliser comme outil de connaissance de soi. Et puis, cela me permet de rester disponible, à tout moment, pour Gwenn.

Au moment où la banque commence à rejeter mes chèques, la panique s'empare de moi. Un soir, je prie à nouveau.

- « Seigneur Dieu, si tu veux que l'on se retrouve tous les trois à la rue, alors c'est bien parti. J'accepte puisque je n'ai pas d'autre choix, je remets notre situation entre tes mains, que ta volonté s'accomplisse ». Et là tout va très vite, le lendemain, Sonia, mon amie de Paris m'appelle et vole à mon secours et parallèlement Louis, prévenue par des amis me donne un coup de main financier lui aussi. Je lui dis pourtant, « je ne pourrais pas te rembourser dans l'immédiat ». Il me répond, « C'est cadeau ! ».

Je ne m'attendais pas du tout à ce soutien-là, la vie répond une fois de plus, en protégeant la situation. Je pousse un grand ouf de soulagement en leur envoyant un grand merci du fond du cœur.

Deuxième bonne nouvelle, je suis acceptée à Pôle Emploi, je vais percevoir des allocations en plus de mes revenus d'auto-entrepreneur. Et puis, je vends quelques affaires pour tenir le coup en attendant.

La période des fêtes de Noël arrive. C'est un moment que nous aimons tous les trois particulièrement. Pour décorer la maison, nous faisons appel à notre créativité, ateliers de pâte à sel, chacun sa spécialité et son originalité, le plaisir d'être ensemble nous réconforte et atténue tout le reste… sauf la constipation chronique de ma fille.

Un soir, je rentre un peu plus tard, Gwenn me raconte qu'elle a vomi partout. Son ventre est à saturation de toute cette eau salée avalée, cela sort par tous les bouts. Son frère l'a attrapée, mise à poil dans la baignoire et lavée. Vive les fêtes et surtout vive l'amour qui règne à la maison !

La présence de Gwenn tempère la relation parfois tendue entre Arthur et moi. Il a vécu plusieurs années seul, et donc, par la force des choses, nous devons réapprendre à vivre ensemble au quotidien. Au bout du compte nous nous en sortons très bien. Le fait d'être tous les trois, unis dans le même but, la guérison de Gwenn, nous aide vraiment.

Dès que possible je prends rendez-vous avec le naturopathe pour Gwenn. Je prends la décision d'aller le voir avec elle. Nous échangeons sur les divers traitements chimiques et quantité d'anxiolytiques que prend ma fille. Il m'explique qu'il y a d'autres solutions plus naturelles et toutes aussi efficaces qui permettent à la personne de se sevrer en douceur et de sortir de la dépendance chimique. Il lui conseille deux préparations d'EPS, solution concentrée de plantes, une pour l'équilibre psychique et l'autre pour le système digestif.

Enfin, le soir du vingt-quatre décembre, après une longue promenade en forêt avec son frère, les intestins de ma fille se délestent de deux semaines de blocage ! Nous étions sur le qui-vive depuis plusieurs jours car bien qu'elle mange peu, une occlusion intestinale était toujours possible. Je les vois revenir des bois le sourire aux lèvres, tous les deux. Merci mon Dieu ! D'accord nous sommes dans les désordres des bas-fonds mais l'amour circule partout et puis merde c'est le cas de le dire, chier un bon coup, cela fait du bien !

Nous fêtons dignement cette libération ! Une très jolie décoration forestière orne la table. Il n'y a pas de cadeaux mais Gwenn nous a dessiné un gros cœur, sur un joli papier et l'a déposé délicatement, dans chacun de nos souliers. Ce soir-là, le poêle nous apporte sa douce chaleur et un vrai moment de relâchement.

La nuit nous surprend à nouveau. Nous sommes tellement bien Rose et moi, malgré la fraîcheur du soir. Je sens une oreille et un cœur à l'écoute du mien, c'est un vrai réconfort.

- Vous savez, Rose, près de vous, je dépose mes valises si lourdes à porter. Plus je les pose, plus je respire. Merci.
- Merci à vous, Laura. Je vous souhaite un joyeux retour, à demain.
- Bonne nuit, Rose, à demain.

CHAPITRE 14

Je retrouve, Rose, très tôt, le lendemain, à l'heure bleue, cet instant magique où la symphonie des oiseaux est si pure, où la vie est comme suspendue, en devenir. Depuis plusieurs jours, nous assistons ensemble au lever du soleil. Tels deux tournesols, nous tournons nos visages vers cette lumière rose, orangée. Nous sommes au mois de décembre et malgré la fraîcheur, la journée s'annonce à nouveau radieuse.

- Bonjour, Rose, j'aime cet espace intermédiaire où tout est possible, c'est si bon.
- Bonjour, Laura, je l'aime aussi. Avez-vous bien dormi ?
- Oui, je me sens l'esprit léger, dis-je, en suivant l'astre qui monte à l'horizon.

Nous contemplons la beauté naissante du jour. Puis, elle se tourne vers moi et me demande :

- L'état de votre fille s'améliore après ces fêtes de Noël ?
- Oui, petit à petit. Plusieurs semaines sont nécessaires pour que son transit réagisse mieux. Une amie lui prodigue des soins de réflexologie plantaire, un magnétiseur la soulage de ses angoisses, également. Le naturopathe la voit régulièrement. Toutes les bonnes initiatives pour la soulager et l'aider sont les bienvenues. Son énergie remonte et, un mois plus tard, elle décide de rentrer chez elle.
- C'est vrai, Rose, qu'un certain nombre de kilomètres nous sépare, Gwenn et moi mais malgré tout, je l'accompagne et l'assiste du mieux possible dans ses rendez-vous. A ce propos, nous avons rendez-vous avec le chirurgien qui l'a opérée dix-huit mois auparavant. Gwenn doit

prendre une décision importante au sujet de la tige en métal qui lui maintient les vertèbres. La seule alternative est de la garder à vie ou de la retirer.

Le chirurgien nous explique les conséquences de ces deux choix : soit il retire cette barre, les deux vertèbres étant cicatrisées et ressoudées, ma fille retrouvera plus de souplesse au niveau de la cambrure de son dos. Soit elle garde la structure métallique pour lui maintenir solidement sa colonne vertébrale jusqu'à la fin de sa vie.

Gwenn choisit la première solution. Elle a tellement besoin de récupérer cette souplesse qui lui fait tant défaut. Elle s'aide encore légèrement d'une béquille pour marcher. Quel progrès !

La date de l'opération est fixée au début du mois d'avril. Cette fois-ci, elle passera toute sa convalescence chez moi. Elle s'y sent en sécurité et nous pouvons y organiser les soins, kinésithérapeute, généraliste, infirmières… autour d'elle.

Après le départ de Gwenn, Arthur et moi redécouvrons la vie à deux. Je l'aime profondément mais nos rapports deviennent différents. Je vais devoir m'y faire. Il a grandi, mûri, et demande à ce que son espace soit respecté. Et puis, Rose, comment vit-il ce changement de situation, arrêt de son travail et retour chez sa mère ?

Arthur, Gwendoline et moi, possédons un caractère bien trempé et une nature indépendante. Lorsque nous vivons ensemble, chacun fait un effort pour que tout se passe au mieux et Gwenn sait très bien harmoniser le tout.
Arthur trouve un nouvel emploi début mars et, de mon côté, je développe mon activité d'indépendante. Je travaille chez moi ou je me déplace. Ces ateliers sont de vrais moments de bonheur et de plaisir partagés.

Je prends la décision de me faire aider par un psy pendant un ou deux mois et une des premières choses qu'il me dit est la suivante : « Vous devez fixer une date de départ à votre fils, ce n'est pas bon pour lui et pour vous que la situation s'éternise ». Je crois qu'à ce moment, une envie de lui mettre ma main dans la figure me titille. Donc, oui, je dois regarder la situation en face mais je ne sais pas comment ou bien je ne suis pas prête. Le conseil du psy est peut-être avisé mais je n'arrive pas à me mettre en situation et à poser une limite claire à mon fils. J'en parle avec Arthur mais je sens que le moment n'est pas encore venu pour qu'il reprenne son envol. Vous ne pouvez pas savoir, Rose, ce que les « je sais tout » m'agacent. Comment font les gens depuis toute éternité ? Ils vivent en clan, s'épaulent, s'entraident les uns les autres. On veut nous faire croire, dans notre monde occidental que la famille parfaite, ce sont les parents d'un côté et les enfants adultes de l'autre. Je ne vois pas les choses comme cela, pour moi la force d'une famille est essentielle.

- Je comprends Laura, je sens votre révolte. Ayez confiance en vous, les gens ne comprennent pas toujours les décisions que nous prenons. C'est un très bon moyen de faire grandir la confiance en soi, me dit Rose en riant.
- Rose, lorsque je parle avec vous, tout est si simple. Merci encore pour votre compréhension et votre légèreté.

Un temps de silence et de douceur nous enveloppe. Nous sommes trois, la Mer, Rose et Moi. Une force nous rassemble et tisse un voile de guérison et de réconciliation allant bien au-delà de nos personnes.

- Vous savez Rose, Gwendoline décide de changer d'avocat et de médecin expert, c'est une très bonne initiative qui nous permet de rencontrer des personnes efficaces et concrètes. Elle est soutenue et aidée financièrement, le dossier pour son indemnisation se monte enfin. Pour elle, c'est un grand soulagement, elle peut leur faire confiance et les expertises médicales sont beaucoup plus équilibrées. Les deux premières fois nous rencontrons l'avocat ensemble, puis très vite, Gwenn prend le relais et gère ses intérêts.

- La date de la deuxième opération de ma fille arrive enfin. Je l'accompagne et l'aide à s'installer dans sa chambre d'hôpital. Je la trouve courageuse. Bien sûr le contexte est différent car cette fois-ci, elle a fait le choix de cette opération mais elle reste quand même très délicate. Le chirurgien en ré-ouvrant la cicatrice, ignore dans quel état se trouveront les chairs. Cela conditionne en partie la réussite de leur intervention.

Le soir en rentrant chez moi, je repense à tout le parcours accompli. Le lendemain, lorsque Gwenn descend au bloc, je me mets à prier. Des amis proches prient déjà pour elle. Je me sens plus efficace seule, chez moi, pour me concentrer. Je mets toute la lumière du Christ, cette force d'amour, dans les mains du chirurgien, je visualise son geste parfait, efficace, sans bavure. Mon être tout entier est à la fois rassemblé et tendu vers ce but.

En fin de matinée, j'apprends que l'opération s'est parfaitement déroulée et je fonce au CHU voir ma fille. Merci, encore merci !

Sur le visage de Gwenn, les stigmates de la souffrance sont de retour, ça a été une grosse opération et j'essaie de la rassurer. Je l'aime et je l'encourage du mieux possible. Elle est sous morphine pour soulager la douleur mais cela ne traîne pas car le lendemain, elle se lève. Les infirmiers ne chôment pas dans ce service, ma fille arrive déjà à s'asseoir dans un fauteuil roulant. Le jour suivant, elle veut absolument sortir respirer. Nous avons très peu de temps car sa souffrance est intense, descente rapide donc, par l'ascenseur et hop nous arrivons dehors. Elle est déjà pâle mais après cinq minutes, je la vois décliner d'un coup, elle va tomber en syncope. J'attrape le fauteuil et je me transforme en Superwoman. Nous passons devant tout le monde en courant vers l'ascenseur de service, c'est interdit mais on s'en fout. Ouf, je l'aide à s'allonger dans son lit. Il s'en est fallu de peu pour qu'elle tombe dans les pommes. Ma fille s'accroche, elle se bat pour y arriver.

Chaque jour, nous restons un peu plus longtemps dehors. C'est toujours un moment éprouvant pour elle mais ne plus avoir cette barre dans le dos, cela la soulage et lui ouvre d'autres horizons. Avec beaucoup d'efforts et de travail d'assouplissement, elle pourra retrouver sa courbure naturelle. Pourra-t-elle danser à nouveau ?

Huit jours après, elle est transportée en ambulance, couchée et sanglée jusqu'à mon domicile. Inutile de préciser que le voyage a été éprouvant. Gwenn ne supporte pas d'être attachée, qui d'ailleurs le supporte ? Tout est organisé à la maison pour que cela se passe au mieux, échange de lit, création d'espace pour qu'elle puisse circuler avec son fauteuil. On réfléchit pour la toilette, et bien d'autres petites choses, c'est une nouvelle vie à trois qui se récrée pour quelques mois. Les rapports s'équilibrent. Arthur est très présent et aide beaucoup, chacun retrouve sa place et le lien puissant qui nous unit, envers et contre tout.

Son allergie au gluten complique parfois les repas, je ne sais plus trop quoi faire à manger. En cuisine, Gwenn est très créative et réalise beaucoup de petites douceurs délicieuses. De mon côté, j'aime cuisiner de façon simple avec de bons produits. J'adore faire le marché, avec, parfois, une sorte de démesure dans ma façon d'acheter, nourrie par le besoin de faire plaisir et de répondre aux moindres désirs ou envies de mes enfants. Je pense que cela les agace un peu mais au bout du compte, ils sont ravis. Il y a beaucoup d'amour entre nous, cela nous aide à maintenir l'équilibre et à canaliser les débordements. Une vie de famille ! J'ai vu mes parents aimer recevoir et faire à manger pour des grandes tablées, je crois qu'ils nous ont transmis cet art du recevoir et de l'accueil.

La mer est calme, au point le plus loin de la marée descendante, entre le jusant et le flot, avant de reprendre son va et vient incessant et éternel. Nous sommes suspendues, Rose et moi à cette attraction puissante des flots. Je me tourne vers elle et lui propose de faire une pause et d'en profiter pour nous restaurer. Nos pas, longeant la plage, nous amènent devant notre auberge. Il y a de l'animation et du monde, ce midi au Gré des Flots. On sent vraiment l'approche des fêtes de Noël ! Notre table près de la fenêtre est, comme par hasard, disponible. Je ne me pose plus de question, je vis. Nous dégustons nos mets avec bonheur et délice. C'est notre havre de détente, notre lieu de relâche, notre petit paradis. Tantôt nous parlons, tantôt nous laissons nos âmes vagabonder en regardant la mer, derrière la fenêtre.

CHAPITRE 15

Après une bonne nuit, je retrouve notre banc, prête à continuer mon histoire. L'océan s'est rapproché et se trouve juste à nos pieds, en bas de la falaise. Sans que Rose n'intervienne, je reprends le fil de ma narration.

- La maison angevine que je loue Rose, est située dans un cadre de verdure, elle est posée au carrefour de trois forêts. Le printemps est arrivé et la nature explose de mille couleurs. Gwenn se rétablit vite grâce aux séances avec sa kinésithérapeute et aux bons soins infirmiers. Les premières balades en fauteuil sont épiques car les chemins sont parfois chaotiques. Son dos étant encore très sensible, elle ressent la moindre déclivité du terrain, même avec toutes les précautions. Donc un petit coup de gueule et c'est reparti ! Quelquefois je m'assois dans son fauteuil lorsqu'elle veut marcher. Ainsi les rôles s'inversent, ma fille me pousse en s'appuyant, c'est une façon de continuer sa rééducation. Nous rions de cet état de fait. On se dit, complètement dingues, la mère et la fille ! J'aime beaucoup ces moments de tendre complicité. Nous discutons de tout et de rien et cela nous comble. Les journées s'écoulent tranquillement faites d'amour, de tensions, de discussions, de moments de cuisine, de balades et souvent de rigolade. Elle adore ma recette de pizza sans gluten alors j'en fais souvent. Quel bonheur pour une maman de voir ses enfants heureux !

  Gwendoline nous apporte une ouverture particulière sur le monde de la nature à cette époque. Une de ses amies lui a prêté des ouvrages très intéressants sur le travail co-créatif avec les êtres de la nature et nous nous y initions. Petit à petit, nous commençons à mettre en pratique les conseils indiqués, cela devient une évidence. Nous avons passé tellement d'heures ensemble ou seules dans la nature, que le terreau est, pour ainsi dire, presque prêt. Un point d'acupuncture géo-biologique est créé dans le jardin pour nous aider à démarrer. Ces moments nous unissent et renforcent le lien. Nous sommes tous les trois des hypersensibles avec chacun notre particularité et notre complémentarité. Nous fêtons le solstice d'été dans notre jardin rempli de fleurs, c'est splendide.

Gwenn se rétablit, sa rééducation se termine, elle peut enfin rentrer chez elle. J'ai le temps, en dehors de mes séances de groupe et de mes consultations, de m'adonner au jardinage. Pendant presque une année, c'est un véritable lieu de ressources. Une énergie créatrice nous unit Arthur et moi, et la nature, dans sa générosité, nous le rend bien. Lorsque ma fille passe, elle apporte une idée, un conseil. Beaucoup d'amour circule et d'idées. Nous expérimentons de nouvelles choses. Quel bonheur !

A cette époque, mon fils travaille dans l'entretien des copropriétés et se retrouve parfois à faire le ménage et la répurgation. Ce travail commence à lui peser, il désire s'orienter vers autre chose. Il souhaite vraiment changer et travailler dans la nature, avec les arbres. A l'automne son vœu se réalise, il intègre une école d'élagueurs grimpeurs. Gwenn et moi sommes ravies pour lui.
Il envisage désormais de déménager mais pris dans les débuts de sa formation, l'échéance est reportée. Le début de sa formation est difficile, il rentre parfois tellement épuisé le soir que la patience me semble justifiée. Les charges de la grande maison où nous vivons pèsent sur mes épaules mais je tiens bon.

Ma fille se porte de mieux en mieux même si certains points de son état physique laissent encore à désirer. Petit à petit, sa marche se fait sans béquille, elle ne lâche rien. C'est une âme courageuse repoussant sans cesse ses limites. Il lui reste à solutionner son problème d'oreille interne qui la déséquilibre parfois.

Un projet de travail se présente pour elle mais il lui faut partir à l'étranger ! Retravailler serait certes une bonne solution mais elle se sent encore fragile et ses émotions sont loin d'être cicatrisées. Il serait pourtant vital qu'elle sorte de sa solitude et qu'elle s'épanouisse, car depuis trois ans, elle a coupé les liens avec son métier d'intermittente qui lui tenait tant à cœur. Après y avoir réfléchi ensemble longuement, je l'encourage et elle accepte finalement de partir. Elle rend son petit logement et déménage ses affaires chez moi en attendant de pouvoir s'en sortir financièrement. Je pressens que la reprise du travail sera dure pour elle et c'est le cas. Nous avons peu de nouvelles pendant cette période, sa tournée l'emmenant à travers toute l'Espagne.

De retour à Noël, elle nous raconte enfin son périple. Au fond de moi, je me dis : « bon sang, avec toutes les angoisses qu'elle a vécues, la vie ne l'épargne pas ». Pendant la tournée, ses collègues n'ont pas compris sa fragilité et la fatigue qui l'assaillait parfois mais malgré tout, elle a réussi à tenir bon et à surmonter tous les aléas rencontrés.

Pour mon fils, les choses se déroulent au mieux. Sa formation lui plaît beaucoup. Les premiers mois, l'exercice physique est intense mais lui aussi tient bon. Il réussit ses examens, et obtient son diplôme avant l'été. Enfin, il peut exercer un métier qui lui convient. Son diplôme en poche et la confiance revenue, cette fois-ci il est peut-être temps qu'il pense au départ ? J'essaye de lui en parler sans le brusquer pour que l'idée fasse son chemin. Je souhaite dans mon cœur de mère que sa vie sentimentale évolue également.

- Laura, que se passe-t-il ? Vous avez l'air triste, me demande Rose.
- C'est vrai malgré le contexte heureux de cette nouvelle période, je n'arrive plus à me connecter à l'élan et l'énergie qui m'habitent

normalement. Je ne sens plus cette volonté farouche d'aller de l'avant qui fait ma force. Je me sens sombrer mais cela ne se voit pas car c'est enfoui dans mon cœur. Je devrais ressentir de la légèreté après toutes ces épreuves et pourtant je ne sais plus où j'en suis. Un énorme poids repose sur mon dos et dans mon ventre. Je repense à un rêve que je viens de faire.

- Un rêve ?
- Oui, une nuit du mois de mars, un rêve étrange suivi de deux autres à une semaine d'intervalle me confirme que je dois déménager. Ces songes, toujours très précis me montrent le chemin à suivre. J'en parle à Arthur et Gwendoline qui ne le prennent pas très bien mais au fond de moi je n'ai pas le choix et, en tant que mère, je souffre déjà de me séparer d'eux. Je sens mon élan vital s'affaiblir, il me faut un lieu de transition où déposer mon fardeau. Mais quel fardeau ?

J'emménage fin septembre dans l'ancien presbytère d'un château, avec l'aide d'amis et de voisins. Mon corps, mon cœur souffrent terriblement. Mes enfants et ma famille me voient comme une femme fatiguée, inerte alors que j'ai tant donné. Vous savez Rose, on m'a souvent reproché d'avoir une vision égotique de la vie en général et de ramener les choses à moi. A cela je réponds que les bases reçues lors de mon éducation furent bien minces et inadaptées. J'ai dû vivre et intégrer mes expériences au fur et à mesure, changer ma façon de voir la vie, revoir sans cesse ma copie pour trouver mon chemin. Mon seul repère, ma seule base réelle est ce lien intérieur si particulier que je nourris et entretiens avec la Vie.

Dans cet appartement du presbytère, le poids douloureux de la solitude me pèse. Je me mets à prier comme je ne l'ai jamais encore fait, pour trouver un peu d'énergie, me reconnecter à la seule vraie source, notre Source Divine. Un soir, me sentant tellement perdue et nouée je dis à Dieu :

« Je n'en peux plus, j'ai le cœur en vrac, un corps tendu qui ne respire plus et mon envie de vivre est au plus bas. Je me sens ratée, sacrifiée. Crois-tu que ce besoin d'amour et de reconnaissance est juste et équitable ? Oh je sais, tu vas me dire que donner avec le cœur, c'est ne rien attendre en retour, mais là tu vois, un peu de tendresse et d'affection seraient les bienvenues. Je n'ai plus de stock, je suis à bout. Tu sais que j'ai un grand respect pour la Vie qui m'a été donnée et que je ne ferai rien pour me l'enlever avant terme mais si tu penses que mon heure est venue alors je suis prête à partir… ».
Je sanglote dans mon lit toute la nuit. Pas de réponse…

Le lendemain, je suis toujours en vie, rien ne semble avoir changé depuis la veille, peut-être n'est-ce pas encore mon heure ? Pourtant, il me semble que quelque chose a changé. Une petite lumière pâle, un mince fil de vie m'éclaire, une envie soudaine, immense de voir la mer me prend. La météo annonce un avis de tempête, je m'en fiche, ma peine est trop grande, j'ai besoin de l'air du large. A l'aube, le corps fatigué et le ventre lourd, je m'habille en pleurant et je pars voir les flots. Lorsque j'arrive près de l'océan, la mer est déchainée, le vent me fracasse les tempes. Help me ! Que vais-je devenir ?

A travers mes larmes, je regarde Rose, et son visage s'illumine.

- Naître, Laura, me répond, Rose, naître tout simplement.

En entendant ses mots, un sanglot venu du fond de mes entrailles surgit. Je tremble tellement les secousses se succèdent, libératrices, violentes. Je lâche des années de peurs, de sacrifices, de colères, d'incompréhensions, de doutes. Combien de temps cela dure ? Je ne sais pas. Le soleil se couche et la voûte céleste se pare de mille étoiles. Mon cœur s'apaise enfin.

Je respire….

Je regarde Rose, ses traits fins, si doux, encadrent ses yeux de velours. Qu'elle est belle ! Une sorte d'aura dorée l'entoure. Quel sentiment de paix émane d'elle, un peu comme lorsque l'on atteint le port après des jours de tempête et d'agitation !

- Vous savez Laura, c'est une très belle histoire que la vôtre même si votre chemin a été difficile. Un certain nombre de gens racontent leur maladie et aident les autres à travers leur vécu mais bien peu parlent de leur chemin en tant qu'aidant ou accompagnant. C'est une grande source de gratitude et d'amour que de pouvoir témoigner de votre expérience.
- Vous voulez dire que je devrais partager mon histoire et l'écrire ?
- Je n'ai pas à vous dire ce que vous devez faire Laura. Ecoutez-vous et ressentez juste la pertinence de votre expérience. Il y a tant d'âmes qui ont besoin d'une petite lumière pour les éclairer.

L'émotion me gagne, ma vue se brouille, les larmes coulent et à nouveau je sens la main de Rose dans la mienne.

- Laura, si vous offrez votre histoire, alors le grand œuvre sera achevé, elle ne vous appartiendra plus, vous serez libre.

Ma peine est toujours là mais je commence à réaliser ce qu'elle me dit. J'ai gardé tout ce poids pendant tant d'années, le libérer représente une nouvelle terre où vivre. Un nouvel espace où m'épanouir pour renouer enfin avec ma véritable nature aimante et confiante. Un timide sourire me revient, rayonne et se met à prendre tout l'espace. Je sens, dans la main de Rose qu'elle suit mon cheminement et qu'elle sait d'avance quel sera mon choix.

Une légère pression de ses doigts me répond. Rose a pris ma main.

- Je sens autre chose en vous, Laura, une profonde transformation et un retour vers ce que vous êtes réellement.
- Vous sentez juste, toujours tellement juste, comme si vous étiez à l'intérieur de moi. Je suis née femme et pourtant j'ai passé des années à déployer une énergie masculine. Je n'avais pas d'autres possibilités pour tenir, pour aider et me battre contre toutes ces épreuves. Il me fallait puiser dans une force intérieure, martienne, volontaire, décisive. J'étais parfois dans une tension extrême, comme un arc dont la flèche est prête à jaillir. Je n'avais pas droit à l'erreur ou du moins c'est ce que je croyais. Un moment de faiblesse et tout pouvait s'écrouler, il fallait continuer encore et encore. Aujourd'hui, une émotion différente s'installe dans mon cœur, le chevalier rend son armure et baisse sa garde. Je me rapproche de cette douceur féminine, je la ressens et mon être s'exprime autrement. J'apprends, je découvre cette douceur. Peut-être puis-je enfin commencer à vivre et exprimer qui je suis ?

Rose me regarde et ce que je vois dans ses yeux, me touche : c'est la reconnaissance féminine. Ma place est bien là dans cette grande lignée des femmes. Je me sens reliée, accueillie et aimée. Un frisson d'amour me parcoure, mon cœur se dilate et tout ce qui a été comprimé pendant tant d'années s'ouvre enfin…

- Merci, mille fois merci Rose !

Les heures s'écoulent et cela nous importe peu. L'information circule dans le contact de nos mains. J'entends le chant des femmes m'envelopper, leur amour inconditionnel me bercer. Tout ce qui m'a tant manqué m'est offert, je rentre enfin chez moi, dans le grand cercle de la sororité.

La nuit s'installe à petit pas. Le ciel constellé d'étoiles nous sourit. Une femme vient de naître…

EPILOGUE

- Laura, lorsque je suis près de vous, je ressens un chant d'amour dans votre cœur.
- Oui, Rose, je mesure tout le chemin parcouru. Le réveil de ma conscience s'est fait en grande partie à travers les épreuves vécues par mes trois enfants. Lucille, qui est repartie dans l'éternité, Arthur, qui a traversé une maladie grave et Gwendoline, qui a été accidentée.

Dans ces moments éprouvants, j'ai découvert un axe solide en moi. J'ai compris que l'essentiel de notre force réside en nous et s'appelle l'Amour. Tout est Amour. Chacun de nous a cette source en lui, disponible, et il peut y puiser à l'infini, croyant ou pas. Quelques soient les chocs, les traumatismes, les deuils, nous pouvons, à partir de qui nous sommes, là, ici et maintenant, nous reconstruire et trouver la grâce. Toutes les prières sincères que nous créons avec notre cœur, sont écoutées, tous les actes dignes et honnêtes sont soutenus. A travers nos fêlures, la lumière passe, cela nous rend plus humble.

Dans la prière, il y a à la fois l'acte de prier, le lâcher-prise et la gratitude.

Prier, c'est unir son cœur à un principe élevé qui vibre à l'intérieur de toutes nos cellules, le rassembler, le concentrer dans un but bien précis. Vous voyez, Rose, c'est l'exemple du sportif face à son obstacle. Il se positionne face à lui, il rassemble son énergie, sa puissance, sa détermination et plus rien ne compte que le franchissement de cet obstacle.

Lâcher-prise, c'est offrir la totalité de ce que l'on est, accepter le résultat quel qu'il soit, s'en réjouir et s'en détacher. Le vrai don du lâcher-prise, c'est s'abandonner en toute confiance lorsqu'on est au bout et qu'on attend plus rien. Grâce à cet abandon, se crée une énergie de transmutation qui dissout le doute et la peur et ouvre un chemin.

Remercier avec un amour profond et sincère est le liant indispensable des deux autres éléments. Sans cette gratitude du coeur, rien n'est possible. On peut même se cogner la tête contre l'obstacle si on oublie de remercier ! Au moment du lâcher-prise, le remerciement dans la prière est une acceptation profonde de ce qui nous arrive.

- Rose, vous m'écoutez depuis longtemps et votre présence m'a fait un tel bien ! De tout mon être, je vous remercie. Votre écoute m'a délivrée de tout ce poids que je retenais. Je ne vous ai jamais rien demandé et c'est un peu égoïste de ma part. Avez-vous été mariée, avez-vous eu des enfants ?

Rose se met à rire et me répond.

- Que de questions ! dit-elle en riant. Ne soyez pas gênée Laura, votre histoire est touchante et passionnante. En ce qui me concerne, je ne me suis jamais mariée et je n'ai pas eu d'enfants. Par contre, j'ai la chance merveilleuse d'accueillir les nouveaux nés aux premiers instants de leur vie, dans le creux de mes mains.
- ?
- Je suis Sage-Femme…

Cette nuit-là, le sommeil m'emporte dans une ronde légère et joyeuse. A mon réveil, une odeur douce et intense de rose m'enveloppe. Les mots se sont déposés dans mon cœur…

Quelque part en Bretagne, le 25 décembre…

Je tiens à remercier particulièrement toutes les femmes et tous les hommes de ma lignée qui m'ont permis d'exister aujourd'hui et d'être ce que je suis. Merci de m'avoir aidée à créer ce livre tel un pont pour que la lumière brille à nouveau dans notre famille.

Je remercie tout particulièrement mes amis proches pour leur soutien indéfectible, aussi bien dans les moments de doute que dans les moments de joie. Sans eux et sans leur affection, le parcours aurait été beaucoup plus délicat, voire impossible. Je vous aime très fort et je suis consciente de la chance qu'il m'a été donné de croiser votre chemin.

Je remercie également tous ceux qui m'ont apportée leur aide, thérapeutes, conseillers, collègues ou autre. Chacun de vous a éclairé mon chemin et permis que la Vie continue en nous tous.

Illustration de couverture : Dominique Gallard

SACD N° de dépôt : 000264963

27123860R00103

Printed in Poland
by Amazon Fulfillment
Poland Sp. z o.o., Wrocław